全国交通技工院校汽车运输类专业规划教材

汽车发动机结构与拆装

（汽车维修、汽车商务专业用）

主编　程　晟
主审　石　琳

人民交通出版社

内 容 提 要

本书是全国交通技工院校汽车运输类专业规划教材之一,主要介绍了汽车实训 5S 管理与汽车拆装工具的使用、发动机基本原理与总成的拆卸、曲柄连杆机构的结构与拆装、配气机构的结构与拆装、汽油机燃料系统的结构与拆装、柴油机燃料系统的结构与拆装、冷却系统的结构与拆装、润滑系统的结构与拆装共八个项目。

本书是交通技工院校、中等职业学校的汽车维修、汽车商务专业的专业核心课程教材,也可作为汽车维修专业技术等级考核及培训用书和相关技术人员的参考用书。

图书在版编目(CIP)数据

汽车发动机结构与拆装/程晟主编. --
北京:人民交通出版社,2013.5
全国交通技工院校汽车运输类专业规划教材
ISBN 978-7-114-10458-9

Ⅰ. ①汽… Ⅱ. ①程… Ⅲ. ①汽车-发动机-构造-技工学校-教材-②汽车-发动机-装配(机械)-技工学校-教材 Ⅳ. ①U464

中国版本图书馆 CIP 数据核字(2013)第 048638 号

书　名:	汽车发动机结构与拆装
著 作 者:	程　晟
责任编辑:	李　斌
出版发行:	人民交通出版社
地　　址:	(100011)北京市朝阳区安定门外外馆斜街 3 号
网　　址:	http://www.ccpress.com.cn
销售电话:	(010) 59757973
总 经 销:	人民交通出版社发行部
经　　销:	各地新华书店
印　　刷:	北京鑫正大印刷有限公司
开　　本:	787×1092　1/16
印　　张:	12.25
字　　数:	283 千
版　　次:	2013 年 5 月　第 1 版
印　　次:	2020 年 6 月　第 5 次印刷
书　　号:	ISBN 978-7-114-10458-9
定　　价:	27.00 元

(有印刷、装订质量问题的图书由本社负责调换)

交通职业教育教学指导委员会

汽车(技工)专业指导委员会

主 任 委 员：李福来
副主任委员：金伟强　戴　威
委　　　员：王少鹏　王作发　关菲明　孙文平
　　　　　　　张吉国　李桂花　束龙友　杨　敏
　　　　　　　杨建良　杨桂玲　胡大伟　雷志仁
秘　　　书：张则雷

Foreword 前言

　　教育部关于全面推进素质教育深化中等职业教育教学改革的意见中提出"中等职业教育要全面贯彻党的教育方针,转变教育思想,树立以全面素质为基础、以能力为本位的新观念,培养与社会主义现代化建设要求相适应,德智体美劳全面发展,具有综合职业能力,在生产、服务、技术和管理第一线工作的高素质劳动者和中初级专门人才"。根据这一精神,交通职业教育教学指导委员会在专业调研和人才需求分析的基础上,通过与从事汽车运输行业一线行业专家共同分析论证,对汽车运输类专业所涵盖的岗位(群)进行了职业能力和工作任务分析,通过典型工作任务分析→行动领域归纳→学习领域转换等步骤和方法,形成了汽车运输类专业课程体系,于2011年3月,编辑出版了《交通运输类主干专业教学标准与课程标准》(适用于技工教育)。为更好地执行这两个标准,为全国交通运输类技工院校提供适应新的教学要求的教材,交通职业教育教学指导委员会汽车(技工)专业指导委员会于2011年5月启动了汽车运输类主干专业系列规划教材的编写。

　　本系列教材为交通职业教育教学指导委员会汽车(技工)专业指导委员会规划教材,涵盖了汽车运输类的汽车维修、汽车钣金与涂装、汽车装饰与美容、汽车商务等四个专业26门专业基础课和专业核心课程,供全国交通运输类技工院校汽车专业教学使用。

　　本系列教材体现了以职业能力为本位,以能力应用为核心,以"必需、够用"为原则;紧密联系生产、教学实际;加强教学针对性,与相应的职业资格标准相互衔接。教材内容适应汽车运输行业对技能型人才的培养要求,具有以下特点:

　　1. 教材采用项目、课题的形式编写,以汽车维修企业、汽车4S店实际工作项目为依据设计,通过项目描述、项目要求、学习内容、学习任务(情境)描述、学习目标、资料收集、实训操作、评价与反馈、学习拓展等模块,构建知识和技能模块。

　　2. 教材体现职业教育的特点,注重知识的前沿性和全面性,内容的实用性和实践性,能力形成的渐进性和系统性。

　　3. 教材反映了汽车工业的新知识、新技术、新工艺和新标准,同时注意新设备、新材料和新方法的介绍,其工艺过程尽可能与当前生产情景一致。

4. 教材体现了汽车专业中级工应知应会的知识技能要求,突出了技能训练和学习能力的培养,符合专业培养目标和职业能力的基本要求,取材合理,难易程度适中,切合中技学生的实际水平。

5. 教材文字简洁,通俗易懂,以图代文,图文并茂,形象直观,形式生动,容易培养学员的学习兴趣,有利于提高学习效果。

《汽车发动机结构与拆装》教材根据交通职业教育教学指导委员会交通运输类主干专业教学标准与课程标准"汽车发动机结构与拆装"课程标准进行编写。它是交通技工院校、中等职业学校的汽车维修、汽车商务专业的核心课程教材。其功能在于培养汽车维修工人的基本职业能力,达到本专业学生应具备的中级工知识要求。本书也可作为汽车维修专业技术等级考核及培训用书和相关技术人员的参考用书。全书由八个项目组成,分别介绍了汽车实训5S管理与汽车拆装工具使用、发动机基本原理与总成的拆卸、曲柄连杆机构的结构与拆装、配气机构结构与拆装、汽油机燃料系统的结构与拆装、柴油机燃料系统的结构与拆装、冷却系统的结构与拆装、润滑系统的结构与拆装。

本书由浙江交通技师学院程晟担任主编,成都交通高级技工学校石琳担任主审,项目一、项目二、项目三、项目六由程晟编写;项目四、项目七、项目八由苏州市建设交通高等职业技术学校张建雄编写;项目五由河南省交通高级技工学校张大年编写。本书在编写过程中,得到了部分汽车修理厂家和汽车4S店的支持,在此表示感谢。

由于编者经历和水平有限,教材内容难以覆盖全国各地的实际情况,希望各地教学单位在积极选用和推广本教材的同时,总结经验,及时提出修改意见和建议,以便再版时进行修订改正。

交通职业教育教学指导委员会
汽车(技工)专业指导委员会
2013年2月

Contents 目录

项目一　安全知识和发动机拆装工具的使用 ········· 1
 课题一　实训场地与 5S ········· 1
 课题二　废机油、污水及废料的处理 ········· 3
 课题三　发动机拆装工具的选用 ········· 4

项目二　发动机总成及附件的拆装 ········· 19
 课题一　四冲程汽油发动机工作过程 ········· 19
 课题二　发动机总成的拆卸 ········· 28
 课题三　发动机总成的装车 ········· 36

项目三　曲柄连杆机构的结构与拆装 ········· 42
 课题一　曲柄连杆机构的组成和主要部件的结构 ········· 42
 课题二　发动机汽缸衬垫和汽缸盖的拆装 ········· 52
 课题三　活塞连杆组的拆装 ········· 58
 课题四　曲轴飞轮组的拆装 ········· 65

项目四　配气机构的结构与拆装 ········· 73
 课题一　配气机构的结构与工作原理 ········· 73
 课题二　正时齿形带的拆装 ········· 83
 课题三　凸轮轴和气门的拆装 ········· 86

项目五　汽油机燃料供给系的结构与拆装 ········· 92
 课题一　汽油机燃料供给系统的组成和主要部件结构原理 ········· 92
 课题二　电动燃油泵的拆装 ········· 108
 课题三　喷油器的拆装 ········· 113
 课题四　其他主要部件的拆装 ········· 116

项目六　柴油发动机燃料供给系统的结构与拆装 ········· 123
 课题一　柴油机燃料供给系统的结构与工作原理 ········· 123
 课题二　A 型柱塞喷油泵的拆装 ········· 133
 课题三　VE 型转子分配式喷油泵的拆装 ········· 140
 课题四　喷油器的拆装 ········· 150
 课题五　活塞式输油泵的拆装 ········· 153

项目七　润滑系的结构与拆装 ········· 155
 课题一　润滑系的结构与工作原理 ········· 155

课题二　机油滤清器的拆装 ……………………………………… 159
　　课题三　机油泵和油底壳的拆装 …………………………………… 160
项目八　冷却系统的结构与拆装 …………………………………………… **174**
　　课题一　冷却系统的结构与工作原理 ……………………………… 174
　　课题二　传动带和水泵的拆装 ……………………………………… 180
　　课题三　节温器的拆装 ……………………………………………… 183
　　课题四　电子风扇及温控开关的拆装 ……………………………… 185
参考文献 …………………………………………………………………………… **187**

项目一 安全知识和发动机拆装工具的使用

 学习目标

完成本项目学习后,你应当能:
1. 知道5S的含义,养成良好工作习惯。
2. 知道环保的基本知识,了解废机油、污水及废料的处理办法。
3. 了解发动机拆装常用工量具和机具设备的类型和作用,掌握正确的使用方法。

 建议课时:8课时。

课题一 实训场地与5S

"5S"起源于日本,是指在生产现场中对人员、机器、材料、方法等生产要素进行的有效管理。"5S"是指整理(Seiri)、整顿(Seiton)、清扫(Seisoh)、清洁(Seiketsu)、素养(Shitsuke),其最终目的是修身,提高人的素质。

实训场地是职业学校教学活动的主要场地,是培养学生职业能力和职业核心能力的重要场所。实训场地实行"5S"管理,创造一个整洁、舒适、高效的学习环境,可以提高学生的学习效率;可以使学校和企业接轨;可以使学生提前熟悉工作岗位的"5S"管理制度,养成良好的工作习惯。

一、实训场地整理(SEIRI)

实训场地整理如图1-1所示。

含义:将实训场地中的所有物品区分为要用的物品与不要用的物品,并将不要用的物品清除掉。

要点:对现场的设备、零件、工具、文件等物品区分为要用与不要用,对要用的物品进行分类管理,将不要用的物品又分为有用和无用物品。有用的物品转移到现场之外,进行分类管理;无用的物品清除掉。

二、实训场地整顿(SEITON)

实训场地整顿如图1-2所示。

含义:把留下来的必须要用的物品依规定的位置整齐摆放,加以标记。

要点:物品摆放有序、定位放置合理,物品分类标记明确,需要的物品能很快取到,不需寻找,用后还原,达到其安全、高效、提高工作质量之目的。

图1-1 整理

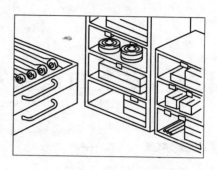
图1-2 整顿

三、实训场地清扫(SEISOH)

实训场地清扫如图1-3所示。

含义：将实习实训场所内能看见与看不见的地方清扫干净，保持实习实训场所干净、亮丽。

要点：对桌椅、门窗、设备、货架等进行清扫、擦拭、点检、加油，保持工作面干净、摆放整齐，营造明亮、清新的学习环境，提高学习效率。

四、实训场地清洁(SEIKETSU)

实训场地清洁如图1-4所示。

含义：维持上面"3S"的成果，即经过以上的整理、整顿与清扫工作后，把所积累的经验和所养成习惯用文字书写出来，形成制度，并加以规范。

要点：以上"3S"实施后一定要制度化，要有明文规定，区域场所责任到人，制定制度告知全体学生，使大家有统一的行动标准。通过经常检查与维持，使实训场所始终保持在最佳状态。

图1-3 清扫

图1-4 清洁

五、素养(SHITSUKE)

素养如图1-5所示。

含义：人人养成良好的习惯，并按规则做事，培养积极主动的精神，塑造团结合作的团队意识。

要点:通过教育训练达到管理规范化、制度化;提高学生素质,讲究社会公德,加强自我修养;文明礼貌、五讲四美、遵纪守则;建立和睦、团结、朝气蓬勃的团队。

图 1-5　素养

课题二　废机油、污水及废料的处理

环境是国家的重要资源,也是人民生活质量的基本条件,环境保护是国策大事。清洁有序的环境也是保证汽车维修质量的重要条件。

车辆在实训和维修过程中,产生大量废机油、齿轮油、防冻液、铅酸蓄电池、油抹布、废离合器片等废弃物。这些废弃物处理不当,会对环境造成严重污染,因此必须采取有效措施防止这些废弃物造成污染。

一、汽车维修业的有害废弃物

汽车维修废弃物的种类主要包括:废机油、废齿轮油、废制动液、废冷却液、废弃制冷剂及非金属材料等。

(1)废机油、齿轮油。每辆汽车一般平均6个月换1次机油,1年要换2次,平均每次1桶,每桶为3.5L,每一辆汽车每年则会产生7L的废机油。

(2)废制动液。按两年更换1次制动液,每次1桶,每桶为1L,则每一辆汽车每年会产生0.5L的废制动液。

(3)废冷却液。按两年更换1次冷却液,每次2桶,每桶为3.5L,则每一辆汽车每年会产生3.5L的废冷却液。全社会如此大的汽车保有量,会产生十分巨大的液体类废弃物。

(4)废弃制冷剂。在维修过程中,大多数从事汽车空调维修的汽车维修企业,都直接将制冷剂排放到大气中,形成环境污染。因此,有必要制定相应的法规,强制从事汽车空调维修的企业对制冷剂进行回收、处理及再利用。

(5)废旧轮胎、废橡胶。全国每年生成的废旧轮胎达5000万条,同时还产生大量传动带、橡胶密封件等废旧橡胶制品。

二、汽车维修有害废弃物的特性及危害

(1)废弃冷却液。是醇类化学品的水溶液,含有色素及各类添加剂,主要原料为乙二醇,气味偏甜,但是具有很强的毒性。

(2)废机油、废齿轮油。是不可再生的石油化学产品,含有各种化学添加剂。每500g

废机油可以污染1000t清水,处理不当对环境的危害非常大。

(3)废弃制冷剂。现代汽车空调系统所应用的制冷剂工质是常见的R12、R22、R134a等。R12和R22因分子中含有氯原子对大气臭氧层有破坏作用;另外,R12还会长期停留在大气层中,影响地球表面温度向外的扩散,产生引起地球变暖的温室效应。R134a不含氯原子,对臭氧层无破坏作用,但它同样会长期停留在大气层中,也具有温室效应。

(4)废旧轮胎、废橡胶。有害固体废物之一,它具有很强的抗热、抗机械和抗降解性,在土地里100年不会分解腐烂。随意处置废旧轮胎,会破坏植被生长,影响人体健康,危及生态环境。

三、汽车维修企业废旧物品的处理办法

废旧物品包括废机油、更换下的旧件、备件包装纸箱等包装物。废旧物品管理要求对所有废旧物品由备件部统一管理,包括存放、清理和处理。

(1)车辆清洗应在固定地点进行,每天应对汽车清洗地点进行清扫,保持下水道疏通,场地整洁。

(2)保持场地清洁。汽车拆装实训时,应做到油、水不落地,拆下的零件应放置在规定位置,废油接入油盆中。实训完毕后,立即清扫场地。

(3)废旧料应分类放置。废机油、废冷却液、废旧橡胶制品、废金属材料分类存放,定期回收处理,变废为宝。

(4)锉削制动蹄片应防止有害粉尘扩散,危害人体健康,有条件的应配置防尘罩或去尘设备。

(5)检修空调机时,制冷剂不得随意排放到大气中,应使用制冷剂回收装置回收利用。

课题三 发动机拆装工具的选用

一、汽车常用工具

1. 开口扳手

开口扳手,如图1-6所示,用于拧紧(或拧松)标准规格的螺栓和螺母。

扳手开口以一定角度与手柄相连,可以从正反两个方向插入,如图1-7所示。可以上、下套入或横向插入,使用方便。

图1-6 开口扳手

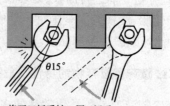

将开口扳手转一周(扳手)。

图1-7 可以从正反两个方向插入

使用注意事项：

不可用于拧紧力矩过大的螺栓或螺母。不能在扳手手柄上接套管，以防因力矩过大而损坏螺栓或开口扳手，如图1-8所示。

2. 梅花扳手

梅花扳手，如图1-9所示，用于拧紧（或拧松）标准规格的螺栓和螺母，可以对螺栓、螺母施加较大的力矩。

图1-8 不能在扳手手柄上接套管

图1-9 梅花扳手

梅花扳手因为扳手钳口是双六角形的，可以容易地套入螺栓、螺母，并可以转动空间很小的螺栓、螺母，如图1-10所示。

使用时，由于螺栓、螺母的六角形表面被包住，如图1-11所示。因此，不易损坏螺栓角，可以施加较大的力矩。

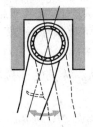

图1-10 可以转动空间很小的螺栓、螺母

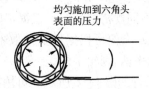

图1-11 螺栓、螺母的六角形表面被包住

使用注意事项：

①用力方向只能拉或用手掌推，如图1-12所示。

图1-12 梅花扳手使用注意事项

②不能在扳手手柄上接加力套管或用锤子锤击。

③禁止使用内孔磨损过甚的梅花扳手。

3. 活动扳手

活动扳手，如图1-13所示，适用于尺寸不规则的螺栓、螺母。

开口尺寸能在一定范围内任意调节，如图1-14所示。可用来代替多种开口扳手。

使用注意事项：

①转动调节螺杆，使活动扳手的开口大小与螺栓、螺母头部尺寸配合完好，如图1-15所示。

②开口固定侧应置于受力较大的一面,否则,容易使其损坏或从螺栓上滑脱,如图1-16所示。

图1-13　活动扳手

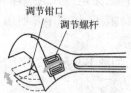

图1-14　开口尺寸能在一定范围内任意调节

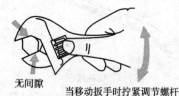

图1-15　开口大小与螺栓、螺母头部尺寸配合

图1-16　活动侧不能置于受力较大的一面

③不可用于拧紧力矩较大的螺栓、螺母,以防损坏扳手。

4. 套筒扳手

由一套不同规格的套筒(图1-17)和加长杆、万向节、滑动手柄、旋转手柄、棘轮手柄组成,用于拧紧或拧松力矩较大或位置较特殊的螺栓、螺母。可根据螺栓、螺母头部的形状与尺寸选用不同规格的套筒。根据不同的作业空间,可选用不同接杆进行作业。

使用特点:套筒可根据需要选取不同的连接件才能使用。常见的连接件有:加长杆、万向节、滑动手柄、棘轮手柄。

(1)加长杆如图1-18所示。可用拆卸较深不易接触的螺栓、螺母,如图1-19所示。

图1-17　套筒扳手

图1-18　加长杆

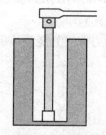

图1-19　拆卸不易接触的螺栓、螺母

(2)棘轮手柄如图1-20所示。由于棘轮的结构,不能获得很高的力矩,如图1-21所示。适合在狭窄空间中使用(图1-22)。

图1-20　棘轮手柄

图1-21　力矩不可过大

(3)滑动手柄如图1-23所示。调节活动头的位置,可以取得较大的力矩(图1-24),或取得最快的工作速度,如图1-25所示。

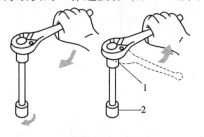

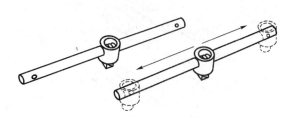

图1-22 在狭窄空间中使用
1-怠速;2-不移动

图1-23 滑动手柄

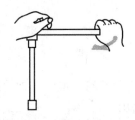

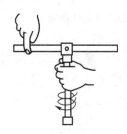

图1-24 取得较大的力矩

图1-25 取得最快的工作速度

◇小提示:在汽车维修中,优先使用套筒扳手,如果由于工作空间限制不能使用套筒扳手时,可按其顺序选用梅花扳手或开口扳手。

5. 扭力扳手

扭力扳手与套筒配合使用,用于拧紧或拧松有规定力矩要求的螺栓或螺母。扭力扳手有预调型(图1-26)和板簧式(图1-27)两种。

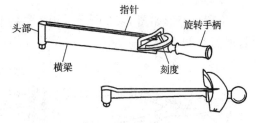

图1-26 预调型扭力扳手

图1-27 板簧式扭力扳手

预调型扭力扳手:通过旋转套筒可预设所要求的力矩。当螺栓拧紧力矩达到预设的力矩时,会听到咔嗒声。

板簧式扭力扳手:借助作用到旋转手柄上的力使手柄弯曲,通过指针和刻度读出手柄弯曲度来测得力矩的大小。

使用注意事项:

①使用时不允许有外接加力装置。

②如果拧紧几个螺栓,在每个螺栓上均匀施加扭力,重复2~3次。

③如果专用维修工具与扭力扳手一起使用,则要按照修理手册中的说明计算力矩。

6. 螺丝刀

螺丝刀主要有一字螺丝刀和十字螺丝刀,用于拆卸和更换螺钉,如图1-28所示。

使用时,刀口应与螺钉槽口大小、宽窄、长短相适应,刀口不得残缺,以免损坏槽口和刀口,如图1-29所示。

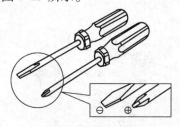

图1-28 螺丝刀

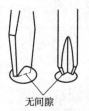

图1-29 刀口应与螺钉槽口相适应

保持螺丝刀与螺钉尾端成直线,手心抵住柄端,螺丝刀与螺钉同轴心,边用力压紧边用手腕转动,如图1-30所示。

使用注意事项:

①不准用锤子敲击螺丝刀柄当錾子使用。

②不准用螺丝刀当撬棒使用。

③不可在螺丝刀上用扳手或钳子增加扭力,以免损伤螺丝刀,如图1-31所示。

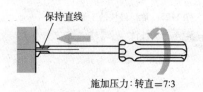

图1-30 边用力压紧边用手腕转动

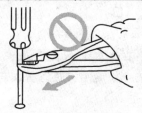

图1-31 不可在螺丝刀口端用扳手或钳子增加扭力

7. 尖嘴钳

尖嘴钳外形如图1-32所示。用于夹持卡簧、锁销等较小的零件(图1-33),或剪断导线,如图1-34所示。

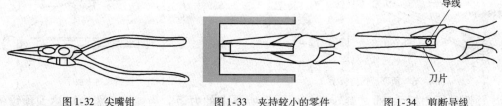

图1-32 尖嘴钳　　图1-33 夹持较小的零件　　图1-34 剪断导线

使用注意事项:

①不可用力过大,否则钳口头部会变形、销轴会松动,如图1-35所示。

②不可将钳子柄当撬棒使用,以免使之弯曲、折断或损坏。

③不可用钳子代替扳手来拧紧或拧松螺栓、螺母,以免损坏螺栓、螺母头部棱角。

8. 鲤鱼钳

鲤鱼钳如图1-36所示,用于弯曲较小的金属材料;夹持扁形或圆形较小的工件,切断金属丝,如图1-36所示。

使用时,根据夹持零件的尺寸,改变支点上孔的位置来调节钳口打开大小,如图1-37所示。

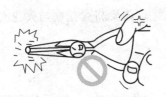
图1-35　不可用力过大

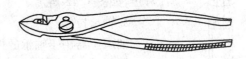
图1-36　鲤鱼钳

使用注意事项：
①不可用钳子代替扳手来拧紧或拧松螺栓、螺母，以免损坏螺栓、螺母头部棱角。
②在用钳子夹紧光洁表面前，须用防护布或其他防护装置，防止损伤光洁表面，如图1-38所示。

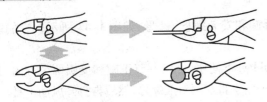
图1-37　调节钳口开度

图1-38　用防护布防止损伤光洁表面

③不可将钳子柄当撬棒使用，以免使之弯曲、折断或损坏。

9. 锤子

锤子用于敲击零件，使零件变形、位移、振动，并可用于零件的校正、整形。根据材料的不同，锤子有铁锤、橡胶锤和木锤等。不能用铁锤敲击精密零件的表面，可用橡胶或木锤敲击。

敲击时，右手握住锤柄后端约10mm处，握力适度，眼睛注视零件。挥锤方法有三种：挥手、挥肘和挥臂。

使用注意事项：
①手柄应安装牢固，防止锤头飞出伤人。
②锤头应平整地击打在零件上，不得歪斜，防止损坏零件表面。
③拆卸零部件时，禁止直接锤击重要表面或易损部位，以防表面破坏或损伤。

二、专用工具

1. 火花塞套筒

火花塞套筒如图1-39所示。专用于拆卸或安装火花塞。

使用时，根据火花塞尺寸的不同，有大小两种规格。有些火花塞套筒扳手内装有磁铁，以防止火花塞坠落，如图1-40所示。

使用注意事项：
①火花塞陶瓷绝缘体易碎，小心不要使火花塞坠落，如图1-41所示。

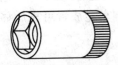
图1-39　火花塞套筒

图1-40　火花塞套筒扳手内装有一块磁铁

图1-41　不要使火花塞坠落

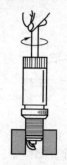

图1-42　火花塞与火花塞孔对正

②为确保火花塞正确地插入，首先要将火花塞与火花塞安装孔对正，如图1-42所示。

2. 轴承拉器

轴承拉器用于轴承的拆卸。

使用时，将轴承拉器张开，置于轴承端头，使轴承拉器将轴承抓紧，逐渐收紧轴承拉器，将轴承取出。

使用注意事项：

轴承拉器放置及拉紧部位要正确，用力均匀，缓慢拉出，防止损坏轴承。

3. 风动工具

风动工具使用压缩空气作动力，用于拆卸和安装螺栓、螺母，如图1-43所示。它们能提高拆装速度。

使用时，要在规定的气压（正确值为686kPa）下使用，可以调节正旋和反旋两个方向，分别用于拆卸和安装。使用前，要调整正确。先用手将套筒对准螺母，然后再打开风动工具。

使用注意事项：

①用风动工具从螺栓上完全取下螺母时，旋转力会使螺母飞出，如图1-44所示。

②不要用风动工具将螺母拧得过紧，如图1-45所示，应使用较小的力拧紧后，再使用力矩扳手检查紧固力矩。

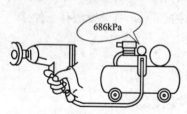
图1-43　风动工具

图1-44　防止螺母飞出

图1-45　不要用风动工具将螺母拧得过紧

4. 千斤顶

千斤顶如图1-46所示。利用液压或气压将车辆的一端举起。举升后，再用搁车凳将车辆一端支起(图1-47)。

在顶升前，要检查修理手册中规定的车辆举升点和搁车凳的支撑点，确保所有搁车凳调到相同高度，如图1-48所示，将其放在车辆附近，并将车轮挡块放在左前轮胎和右前轮胎的前面(从车辆后面顶升时)，如图1-49所示。

举升时，转动千斤顶把手，关闭油压开关。将千斤顶放在规定位置，上下摆动手柄将车辆举起，如图1-50所示。举升到合适高度后用搁车凳垫在车辆规定位置，转动千斤顶把手将开关打开，徐徐放下千斤顶，使车辆可靠地落在搁车凳上，确认搁车凳放置可靠后移走千斤顶，如图1-51所示。

把修车千斤顶放在规定位置，举升车辆，如图1-52所示。

取出搁车凳，缓慢转动千斤顶，用手松开油压开关，徐徐放下车辆，如图1-53所示。

项目一　安全知识和发动机拆装工具的使用

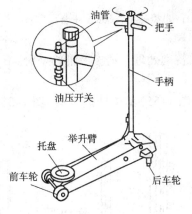

图1-46　千斤顶

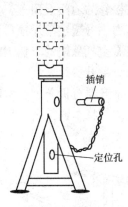

图1-47　搁车凳

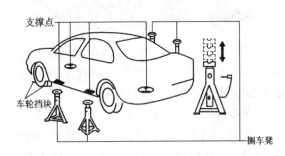

图1-48　千斤顶的使用准备

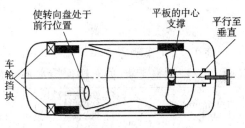

图1-49　将车轮挡块放在左、右前轮胎的前面

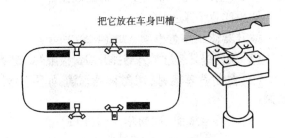

图1-50　千斤顶放在规定位置

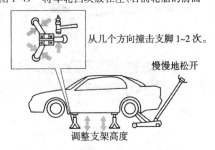

图1-51　确认搁车凳放置可靠后移走千斤顶

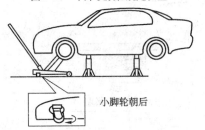

图1-52　举升车辆

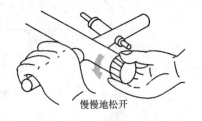

图1-53　缓慢松开油压开关

使用注意事项：
①车辆须停放在平整的地面。
②用三角垫木将未顶起的轮胎前后端塞住，以免滑溜。
③在顶升后一定要使用搁车凳支车，垫好搁车凳后才可进入车下作业。

11

④在松软的地面上顶车,应在千斤顶底座下加垫木板,防止下陷。
⑤切勿顶升超过千斤顶最大允许荷载的车辆。
⑥带有空气悬架的车辆因其结构关系需要特别处理。请参考维修手册。

5. 汽车举升器

汽车举升器有板条型(图1-54)、摆臂型(图1-55)和4柱提升型(图1-56)等多种类型。其功用是将车辆抬高,以便能在车下作业。

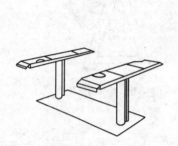
图1-54 板条型举升器

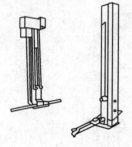
图1-55 摆臂型举升器

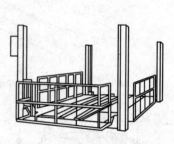
图1-56 4柱提升型举升器

使用前,把车辆置于举升器中心,再将举升臂固定到车辆下方维修手册规定的位置上(图1-57),调整支架,使车辆保持水平,如图1-58所示。

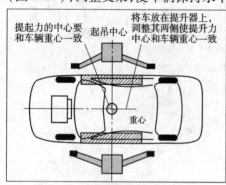
图1-57 举升点

上下升降时,在抬升和降下举升器前,要先进行安全检查,并向其他人发出举升器将启动的信号。举升中,轮胎稍离地面后,检查车辆支撑情况,确保安全,再将车辆举到合适的高度。

使用注意事项:
举升器使用注意事项,如图1-59所示。
(1)切勿提升超过举升器提升质量极限的车辆。
(2)在提升车辆时,切勿移动车辆,如图1-60所示。
(3)举升车辆时,切勿将车门打开。

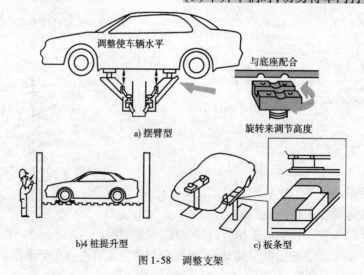
图1-58 调整支架

项目一 安全知识和发动机拆装工具的使用

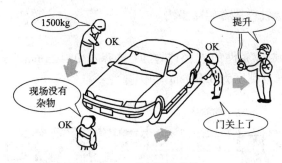

图 1-59 使用注意事项

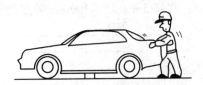

图 1-60 提升车辆时切勿移动车辆

三、量具

(一)游标卡尺

游标卡尺如图 1-61 所示,用于测量长度、外径、内径和深度。游标卡尺常见量程有 0～150mm,0～200mm,0～300mm 等,测量精度有 0.1mm、0.05mm、0.02mm 三种。

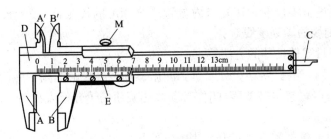

图 1-61 游标卡尺

D-尺身；A、B-外测量爪；A′、B′-内测量爪；M-紧固螺钉；C-深度尺；E-游标

1. 测量

在测量前,完全合上测量爪,并检查游标卡尺间不应有的间隙。在测量时,轻轻地移动游标,使零件刚好放在测量爪间,游标卡尺与被测零件呈直角。当零件刚好卡在两测量爪之间时,用紧固螺钉固定游标,以便更方便地读取测量值。

2. 读取测量值

(1) 读取达到 1.0mm 的值,读取尺身刻度的数值,其位于游标"零"的左边,如图 1-62 中 A 所示为 45mm。

(2) 读取游标上的刻度与尺身刻度相对齐的点,低于 1.0mm 高于 0.05mm 的数值,如图 1-62 中 B 所示为 0.25mm。

(3) 将两个计数相加,即 A + B,如 45 + 0.25 = 45.25(mm)

使用注意事项:

①测量前,必须清洁被测零件和游标卡尺的表面,废物或机油可能导致测量值的误差。

②零校准。测量前,应检查零刻度是否对准其正确的位置。

③切勿坠落或敲击游标卡尺,换句话说就是撞击。游标卡尺是精密量具,可能会损坏结构内部零件。

④避免使用或存放在高温下或高湿度下。

⑤游标卡尺使用后要清洁,并按原状放置在专用盒子内。

（二）千分尺

千分尺如图1-63所示,用于精确测量零件的外径或厚度,量程有0～25mm、25～50mm、50～75mm、75～100mm等多种,测量精度为0.01mm。

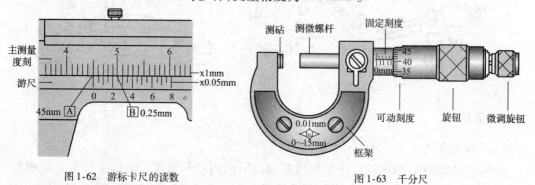

图1-62　游标卡尺的读数　　　　　　　　图1-63　千分尺

1. 测量

（1）测量前要进行零校准。在开口内放置一个标准的校正器,测量校正器长度,应是固定刻线与可动刻线的零刻度线对齐。

（2）千分尺测量零件尺寸的方法。

①将测砧抵住被测物,转动微分筒直到测微螺杆轻轻接触被测零件(图1-64)。

②当测微螺杆轻轻接触被测零件时,转动微调旋钮使千分尺发出"咔嗒"声,读出测量值,如图1-65所示。

③微调旋钮可使施加零件上的压力均匀,当此压力超过规定值时,它即空转,可防止用力过度。

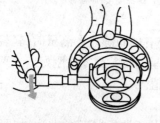 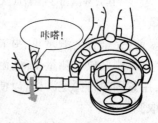

图1-64　测砧抵住被测物,转动旋钮　　　图1-65　转动微调旋钮使千分尺发出"咔嗒"声

2. 读出测量值

（1）在固定套管固定刻度线上读出可见的最大值,读出精度是0.5mm。如图1-66所示,A=55.5mm。

（2）在微分筒的转动刻度上读出与固定套管上的刻度对齐点的数,读出精度是0.01mm。如图1-66所示,B=0.45mm。

（3）将两个读数相加。如图1-66所示,A+B=55.5mm+0.45mm=55.95mm。

使用注意事项:

①测量前,必须清洁被测零件和千分尺的表面,废物或机油可能导致测量误差。

②使用前,要进行零校准,检查零刻度是否对准其正确的位置。

③测量时,被测零件与测微螺杆不能偏斜,如图1-67所示。

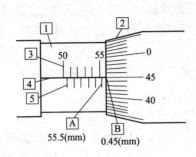
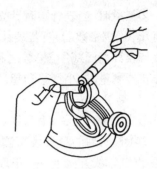

图1-66 千分尺的读数　　　　　图1-67 被测零件与测微螺杆不能偏斜

1-固定套管；2-微分筒；3-1mm 递增；4-套管上的基线；5-0.5mm 递增

④测量时，要上下、前后移动千分尺，找到正确直径位置，再进行测量，如图1-68所示。

⑤千分尺使用后要清洁，并按原状放置在专用盒内。

（三）量缸表

量缸表也称内径量表，如图1-69所示，主要由接杆、锁紧螺母、百分表、量缸表架、探测头组成，用于测量缸径、孔径，测量精度为0.01mm。

（1）安装、校对量缸表。

①把外径千分尺调到被测汽缸的标准尺寸，将表头装到表架上，按被测汽缸的标准尺寸选择合适的接杆。如图1-70所示。

图1-68 找到正确直径位置

②装上接杆后，暂不拧紧固定螺母，将装好的量缸表放入千分尺，如图1-71所示。

③稍微旋动接杆，使量缸表指针转动约1.5mm，扭紧接杆的固定螺母，转动刻度盘，使大指针对准刻度零处，为使测量正确，重复校零一次。

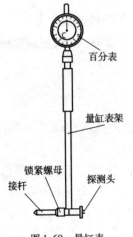
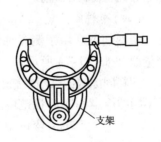
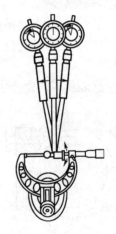

图1-69 量缸表　　　图1-70 将表头装到表架上　　　图1-71 量缸表放入千分尺

（2）读数。

①百分表表盘刻度为100指针在圆表盘上转动一格为0.01mm，转动一圈为1mm；小指针移动一格为1mm。

②测量时,当表针顺时针方向离开"0"位,表示缸径小于标准尺寸,它是标准缸径与表针离开"0"位格数的差;若表针逆时针方向离开"0"位,表示缸径大于标准尺寸,它是标准缸径与表针离开"0"位格数之和。

③若测量时,小针移动超过1mm,则应在实际测量值中加上或减去1mm。

(3)测量方法。

①使用量缸表,一手拿住隔热套,另一手托住表架下部靠近本体的地方。

②将校对后的量缸表探测头在平行于曲轴轴线方向和垂直与曲轴轴线方向等两方位,沿汽缸轴线方向上、中、下取三个位置,共测六个数值。上面一个位置一般取在活塞至上止点时,位于第一道活塞环汽缸壁处,约距汽缸上端15mm。下面一个位置一般取在汽缸套下端以上10mm左右处,该部位磨损最小,如图1-72所示。

③测量时,使量缸表的探测头同汽缸轴线保持垂直,才能测量准确。当前后摆动量缸表表针指示到最小数字时,即表示探测头已垂直于汽缸轴线,如图1-73所示。

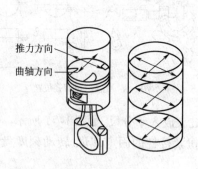

图1-72 测量部位

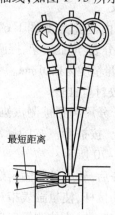

图1-73 摆动量缸表表针指示到最小数字

使用注意事项:

①测量前,必须清洁被测零件和量缸表的表面,废物或机油可能导致测量误差。

②测量时,必须使量缸表与汽缸的轴线保持垂直,应前后摆动量缸表,读出表头达到的最大尺寸。

③量缸表使用后要清洁,并按原状放置在专用盒内。

(四)塑料间隙规

塑料间隙规用于测量曲轴轴颈或连杆轴颈的间隙,测量原理如图1-74所示。

塑料间隙规由软塑料制成,分三种颜色,每一种颜色表示不同的厚度间隙测量范围。绿色:0.025~0.076mm;红色:0.051~0.152mm;蓝色:0.102~0.229mm,如图1-75所示。

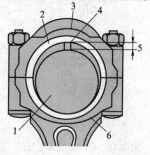

图1-74 测量原理
1-曲轴;2-间隙;3-连杆盖;4-间隙规;
5-塑料间隙规厚度;6-连杆

测量方法:

(1)清洁轴颈和轴承,截取相应长度的塑料间隙规,将塑料间隙规放在连杆轴颈上,如图1-76所示。

项目一 安全知识和发动机拆装工具的使用

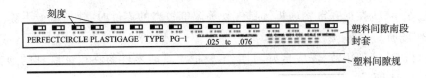

图 1-75 塑料间隙规

（2）把连杆盖放在曲轴连杆轴颈上，并以规定的力矩将其拧紧。切勿转动曲轴，如图 1-77 所示。

（3）拆下连杆盖，使用塑料间隙规封套上的刻度来测量塑料间隙规的宽度。应在塑料间隙规最宽部位进行测量，如图 1-78 所示。

图 1-76 将塑料间隙规放在连杆轴颈上　　图 1-77 以规定的力矩紧固连杆盖　　图 1-78 塑料间隙规

使用注意事项：
① 把连杆盖放在曲轴连杆轴颈上，并以规定的力矩将其紧固。
② 测量时，不能转动曲轴。
③ 测量后应拆下连杆盖并进行清洁。

（五）塞尺

塞尺（又称厚薄规）如图 1-79 所示，用于测量气门或活塞环槽等间隙。

测量时，根据接合面间隙的大小，用一片或数片重叠塞进间隙内。例如用 0.03mm 的一片能插入间隙，而 0.04mm 的一片不能插入间隙，这说明间隙在 0.03～0.04mm 之间，所以塞尺也是一种界限量规。

图 1-79 塞尺规

使用注意事项：
① 测量时不能用力太大，以免塞尺遭受弯曲和折断。
② 用完毕后，应清洁塞尺表面，并涂油防止生锈。

四、汽车实训安全

1. 工作服

（1）工作服：为防止事故的发生，工作服必须结实、合身，以便于工作。为防止工作时损坏汽车，不要暴露工作服的带子、纽扣，防止受伤或烧伤的安全措施是不要裸露皮肤，如图 1-80 所示。

(2)工作鞋:工作时要穿安全鞋,以防掉落的物体伤害到脚。

(3)工作手套:在提升重物或拆卸排气管等温度较高的零件时,建议戴上手套。

2. 工作场所

(1)执行5S管理规范,养成良好习惯,不要把工具或零件留在可能踩到的地方,以防摔倒,如图1-81所示。

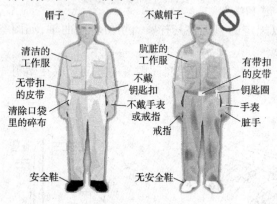

图1-80 工作服

图1-81 不要把工具或零件留在可能踩到的地方

(2)立即清理飞溅的燃油、机油或者润滑脂,以防滑倒。

(3)从一个工作地点转移到另外一个工作地点时,一定要走指定的通道。

3. 防火

(1)禁止在工作区吸烟。

(2)带有易燃物品时,应将易燃物品放置到有盖的金属容器内。

(3)在燃油、机油存储地或可燃的零件清洗剂附近,不要使用明火。

4. 用电安全

用电安全如图1-82所示。

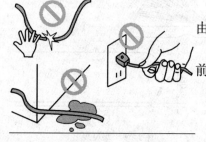

图1-82 用电安全

(1)如果发现电气设备有任何异常,立即关掉开关,由专业人员进行检修。

(2)如果电路中发生短路或意外火灾,在进行灭火之前,应首先关掉电源。

(3)不要用湿手接触任何电气设备。

(4)拔下插头时,不要拉导线,而应当拉插头本身。

(5)不要让电缆通过潮湿或浸有油的地方,或通过炽热的表面。

项目二 发动机总成及附件的拆装

学习目标

完成本项目学习后,你应当能:
1. 知道发动机在车辆上的安装位置及与传动系统、车身的连接关系。
2. 知道附件、管路、导线拆装注意事项。
3. 知道发电机、起动机、空调压缩机总成的拆装要求。
4. 能叙述四冲程发动机工作原理。
5. 会查阅汽车发动机技术资料。
6. 有环保意识和知识,会处理废料。

 建议课时:12 课时。

课题一 四冲程汽油发动机工作过程

一、发动机的作用和类型

(一)发动机的作用

发动机是汽车的动力源,是一种通过燃烧将燃料的化学能转化为机械能的机器。

(二)发动机的类型

1. 根据使用的燃料分

根据使用燃料的不同,发动机可分为汽油发动机、柴油发动机和燃气发动机等。

(1)汽油发动机如图 2-1a)所示。汽油发动机使用汽油作为燃料,它具有体积小、转速高、功率大、质量轻的特点,被广泛应用于轿车、商用汽车和小型载货汽车上。

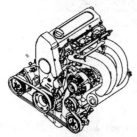 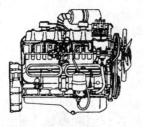 

a)轿车发动机   b)轻型载货汽车发动机   c)燃气发动机

图 2-1 汽油发动机

(2)柴油发动机如图2-1b)所示。柴油发动机使用轻柴油作为燃料,由于它耗油比汽油发动机低,而且轻柴油价格比汽油便宜,因此从燃油经济性考虑,大客车和大型载货汽车经常使用柴油机。

(3)燃气发动机如图2-1c)所示。燃气发动机使用LPG液化石油气或天然气作为燃料。虽然它的输出功率低于汽油发动机,但由于它具有良好的燃油经济性和较低的排放污染,因此被广泛地应用在出租车和城市公交车上。

2. 按照冲程数来分

按照冲程数的不同发动机又可分为四冲程发动机和二冲程发动机。

(1)四冲程发动机是指活塞在汽缸内上下往复运动四个行程,曲轴转两圈(720°),完成一个工作循环的内燃机。汽车上广泛采用四冲程发动机,是我们主要的学习对象。

(2)二冲程发动机是指活塞在汽缸内上下往复运动两个行程,曲轴转一圈(360°),完成一个工作循环的内燃机。由于工作过程中产生的污染物较多,应用较少,仅在轻便摩托车上使用。

3. 按照汽缸的数量分

按照汽缸数量的不同,发动机又可分为单缸、双缸及多缸发动机。有两个汽缸以上的发动机称为多缸发动机,如三缸、四缸、五缸、六缸、八缸、十二缸发动机。其中四缸、六缸和八缸发动机最常见。

二、发动机基本组成

发动机结构形式多种多样,就四冲程往复活塞式发动机而言,由于基本原理相同,所以其基本结构也大体相同,都由两大机构、五大系统组成。两大机构是指曲柄连杆机构和配气机构;五大系统是燃料供给系统、润滑系统、冷却系统、点火系统和起动系统,如图2-2所示。

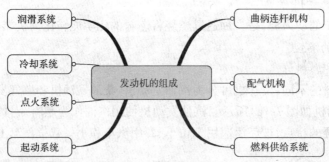

图2-2 发动机基本组成

1. 曲柄连杆机构

(1)曲柄连杆机构主要功用是将燃料燃烧产生的热能,经机构由活塞的直线运动转变为曲轴旋转运动而对外输出动力。

(2)曲柄连杆机构由机体组、活塞连杆组和曲轴飞轮组组成,如图2-3所示。机体组主要由汽缸体、汽缸盖、汽缸盖罩、汽缸衬垫、油底壳等组成。活塞连杆组主要由活塞、活塞环、活塞销、连杆等零件组成;曲轴飞轮组主要由曲轴、飞轮等组成。

 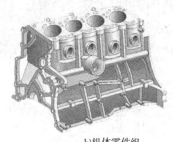 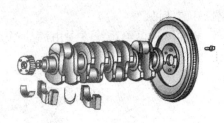

a）活塞连杆组　　　　　b）机体零件组　　　　　　c）曲轴飞轮组

图2-3　曲柄连杆机构的组成

2. 配气机构

配气机构的主要功用是按照发动机各缸工作顺序和工作循环的要求，定时地将各缸进、排气门打开或关闭，以便发动机进行换气。

配气机构主要由气门组和驱动组组成。气门组主要由进气门、排气门、气门弹簧、气门导管、气门座等零件组成；驱动组主要由凸轮轴、正时齿形带（正时链）、曲轴正时齿形带轮（正时链轮）、凸轮轴正时齿形带轮（正时链轮）、张紧轮等组成。如图2-4所示。

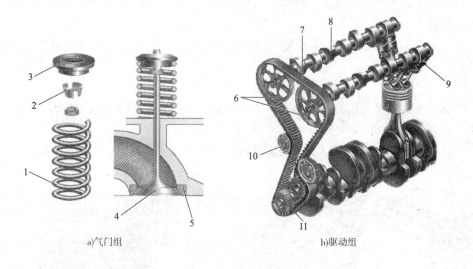

a）气门组　　　　　　　　　　　　　b）驱动组

图2-4　配气机构的组成

1-气门弹簧；2-气门锁夹；3-气门弹簧座；4-气门；5-气门座；6-凸轮轴正时齿形带轮；7-正时齿形带；8-凸轮轴；9-挺柱；10-张紧轮；11-曲轴正时齿形带轮

3. 燃料供给系统

1）汽油燃料供给系统

汽油燃料供给系统的主要功用是根据发动机不同工况的要求，向汽缸提供一定浓度、适量的空气与汽油混合气，并将燃烧做功后的废气排出汽缸。

汽油燃料供给系统主要由燃油箱、燃油泵、燃油滤清器、燃油压力调节器、喷油器等组成，如图2-5所示。

2) 柴油燃料供给系统

柴油燃料供给系统的主要功用是根据不同工况的要求向汽缸内定时、定量地喷射雾化良好的柴油。

柴油燃料供给系统主要由燃油箱、输油泵、喷油泵、调速器、柴油滤清器、喷油器等组成,如图2-6所示。

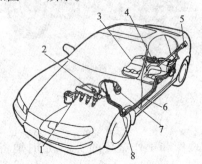

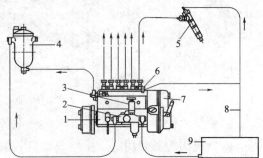

图2-5 汽油燃料供给系统的组成

1-喷油器;2-燃油压力调节器;3-燃油箱;4-燃油泵;5-加油口盖;6-回油管;7-燃油滤清器;8-供油管

图2-6 柴油燃料供给系统的组成

1-喷油泵;2-输油泵;3-手油泵;4-柴油滤清器;5-喷油器;6-放空气螺塞;7-调速器;8-回油管;9-燃油箱

4. 润滑系统

润滑系统的主要功用是润滑摩擦件,减小摩擦力和零件的磨损,并冷却摩擦零件和清洗摩擦表面。

润滑系统主要由机油泵、集滤器、限压阀、机油滤清器、机油散热器及油道等组成,如图2-7所示。

5. 冷却系统

冷却系统的主要功用是冷却高温零件,保持发动机正常的工作温度。有风冷和水冷两种。

冷却系统主要由水泵、风扇、节温器、散热器、冷却水道等组成,如图2-8所示。

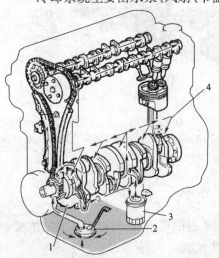

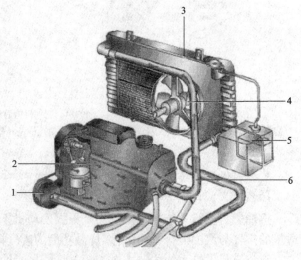

图2-7 润滑系统的组成

1-机油泵;2-集滤器;3-机油滤清器;4-油道

图2-8 冷却系统的组成

1-水泵;2-冷却液;3-散热器;4-风扇;5-冷却液膨胀箱;6-水管

6.点火系统

点火系统的主要功用是按一定时刻向汽缸内提供电火花,以点燃汽缸内已被压缩的可燃混合气。

点火系统主要由蓄电池(发电机)、点火开关、凸轮轴位置传感器、发动机电控单元、点火控制器、点火线圈、火花塞等组成,如图2-9所示。

7.起动系统

起动系统的主要功用是带动飞轮转动,使静止的发动机起动并转入自行运转状态。

起动系统主要由蓄电池、起动机、起动继电器、起动开关等组成,如图2-10所示。

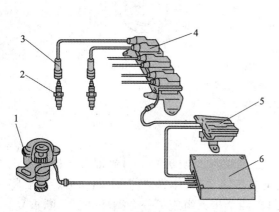

图2-9 点火系统的组成

1-凸轮轴位置传感器;2-火花塞;3-高压线;4-点火线圈;5-点火控制器;6-发动机电控单元

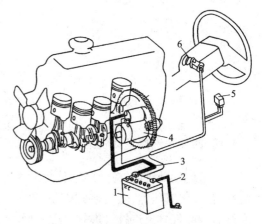

图2-10 起动系统的组成

1-蓄电池;2-搭铁线;3-正极线;4-起动机;5-起动继电器;6-点火开关

三、汽油发动机的工作过程

汽油发动机的基本部件是汽缸、活塞、连杆、曲轴和进、排气门。

汽缸、汽缸盖与活塞的顶部一起形成一个密封的空间,将可燃混合气封闭其中,并可在内部燃烧。活塞可以在汽缸内部上下运动。连杆将活塞与曲轴连接在一起,将活塞上下运动转化为曲轴旋转运动,如图2-11所示。

汽缸盖上装有进气门和排气门,用来吸入、排出气体或封闭可燃混合气。火花塞用来点燃混合气。当活塞下行进气门打开时,空气与由喷油器喷入的汽油混合,形成可燃混合气,吸入汽缸。

当可燃混合气在活塞顶部密封的燃烧室内燃烧时,内部压力迅速增加。压力推动活塞下行,通过连杆带动曲轴转动。活塞在完成了下行运动后,在飞轮的惯性作用下,又被连杆推向上行,如图2-12所示。

通过这种方式,将可燃混合气燃烧产生的热能,通过活塞和连杆带动曲轴做旋转运动,作为发动机的动力来源。

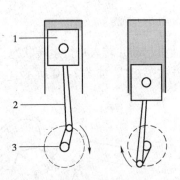

图 2-11 发动机旋转
1-活塞;2-连杆;3-曲轴

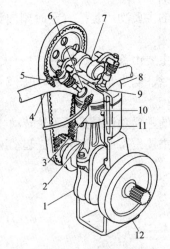

图 2-12 汽油发动机的工作过程
1-曲轴;2-连杆;3-火花塞;4-进气歧管;5-喷油器;6-进气门;
7-凸轮轴;8-汽缸盖;9-排气门;10-活塞;11-汽缸;12-飞轮

四、四冲程汽油发动机的工作原理

为了使发动机能够连续运转,燃烧的各个过程必须反复进行。可燃混合气被吸入汽缸后,首先将其压缩,然后使它燃烧,产生大量的热能,使气体膨胀,产生驱动力。最后将燃烧后的废气排出汽缸。进气、压缩、做功、排气四个步骤组成了一个循环并且不断重复。在四冲程汽油发动机中,活塞完成四个行程,曲轴旋转两圈,完成一个循环。四冲程汽油发动机的工作原理见表2-1。

四冲程汽油发动机的工作原理　　　　　表2-1

行　程	四冲程汽油发动机的工作原理	
1. 进气行程	活塞从上止点向下运动,进气门打开,排气门关闭,可燃混合气被吸入汽缸(燃烧室),如右图所示	
2. 压缩行程	活塞从下止点向上运行,进、排气门关闭,密封燃烧室,可燃混合气被压缩。当活塞运动到最高位置时,可燃混合气将被压缩到最小体积,它的压力和温度也将升高,如右图所示	

续上表

行　程	四冲程汽油发动机的工作原理	
3. 做功行程	压缩行程将要结束前,火花塞产生的电火花将压缩后可燃混合气点燃,引发快速燃烧。汽缸内的气体压力和温度急剧升高,气体膨胀,推动活塞从上止点下行,带动曲轴旋转,如右图所示	
4. 排气行程	在活塞将到达下止点时,排气门打开。燃烧废气在自身压力的作用下排出。活塞从下止点向上运动,将剩余的废气推出汽缸,如右图所示。当活塞将到达上止点时,下一个进气行程开始	

四冲程汽油发动机每个工作循环包括进气行程、压缩行程、做功行程和排气行程。一个循环结束后又开始下一个工作循环,如此周而复始,发动机就连续运转,将燃料燃烧产生的能量转化为汽车的动力。

五、四冲程柴油发动机的工作原理

1892年鲁道夫·狄塞尔发明了柴油发动机。柴油机的热效率较高,具有燃料安全、油耗低、寿命长等优点。现在大量的柴油机应用在货车、客车,并有在轿车上发展的趋势。

1. 四冲程柴油发动机的工作原理见表2-2。

四冲程柴油发动机的工作原理　　　　　　　　表2-2

行　程	四冲程柴油发动机的工作原理	
1. 进气行程	活塞从最高点向下运动,进气门打开,排气门关闭,纯空气被吸入汽缸,如右图所示	
2. 压缩行程	活塞从最低点向最高点运动,进排气门关闭,汽缸内的空气被压缩,温度升高至柴油的自燃点以上(一般达到400~500℃),如右图所示	

续上表

行 程	四冲程柴油发动机的工作原理	
3. 做功行程	压缩行程将要结束前,喷油器将高压柴油喷入燃烧室,喷出的柴油在压缩空气的高温中自燃。汽缸内的气体压力和温度急剧升高,气体膨胀,推动活塞从上止点下行,带动曲轴旋转	喷油嘴
4. 排气行程	活塞将到达下止点时,排气门打开。燃烧废气在自身压力的作用下排出。继续上行的活塞将剩余的废气推出汽缸,如右图所示。当活塞将要到达最高点时,下一个进气行程开始	

2. 柴油发动机与汽油发动机对照

柴油发动机与汽油发动机由于使用燃料不同,性能特点也有很多不同,见表2-3。

柴油发动机与汽油发动机对照表　　　　　　表2-3

项　目	柴油发动机	汽油发动机
燃油	轻柴油	汽油
进气	纯空气	空气和汽油混合气
供油方式	喷油泵	电控喷油器
输出功率的控制方法	改变供油量	改变可燃混合气量
点燃方式	自燃	电火花点火
压缩比	高(15~23)	低(7~10)
压缩压力	高(3~5MPa)	低(0.8~1.5MPa)
燃烧压力	高(6~9MPa)	低(3~6.5MPa)
燃烧最高温度	低(1800~2200K)	高(2200~2800K)
起动性	一般	好
发动机结构	机械强度要求高	机械强度要求低
发动机质量	重	轻
噪声	大	小

六、发动机常见的基本术语

1. 活塞的上、下止点

汽缸内活塞到达的最高点的位置称为上止点,最低点的位置称为下止点。如图2-13所示。

2. 活塞的行程（S）

在上止点与下止点之间活塞运动的距离称为活塞的行程，单位为 mm。

3. 燃烧室容积（V_c）

活塞到达上止点时，其顶部形成的空间称为燃烧室，这个空间的容积称为燃烧室容积，单位为升（L）。

4. 汽缸的工作容积（V_h）

汽缸的工作容积是活塞从下止点运动到上止点所排出的气体体积，也称活塞排量，单位为升（L）。如图 2-14 所示。

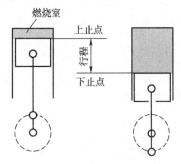

图 2-13　活塞的上、下止点　　　　图 2-14　活塞排量

5. 发动机排量（V_L）

发动机排量即活塞总排量，是汽缸的工作容积与汽缸数的乘积，即各缸工作容积之和，单位为升（L）。

6. 压缩比（ε）

压缩比是活塞运动到下止点时活塞顶部空间的体积（V_a）与上止点时活塞顶部空间的体积（V_c）之比，如图 2-15 所示。

上止点时活塞顶部的体积称为燃烧室容积。所以，下止点时活塞顶部的体积等于活塞排量加上燃烧室容积。

$$\varepsilon = \frac{V_a}{V_c} = \frac{V_h + V_c}{V_c} = 1 + \frac{V_h}{V_c} \qquad (2\text{-}1)$$

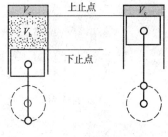

图 2-15　压缩比

压缩比表示活塞由下止点运动到上止点时汽缸内的气体被压缩的程度。压缩比越大，压缩终了时汽缸内气体的压力和温度越高。目前，汽油机的压缩比一般为 6~11，柴油机的压缩比一般为 16~22。

7. 空燃比

燃烧过程所必需的空气和燃料混合率称为空燃比（混合比）。用质量的百分比来表示，而不是体积的百分比。即

$$空燃比 = 空气量(g)/燃料(g) \qquad (2\text{-}2)$$

为了能完全燃烧 1g 汽油，理论上需要 14.7g 空气，这种情况下的空燃比称为理想空燃比。

课题二 发动机总成的拆卸

一、工具、设备和材料准备

(1) 桑塔纳 3000 轿车一辆(带 AYJ 发动机)。
(2) 汽车举升器一台。
(3) AYJ 发动机拆装台架一部。
(4) 常用工具一套,工具车一辆。
(5) 工作台一个,零件摆放架一个。
(6) 专用工具一套。
(7) 机油收集器一台。
(8) 冷却液收集器一台。
(9) 发动机拆装吊架一台。

二、作业前的准备

(1) 将桑塔纳 3000 轿车停放在举升设备中间。
(2) 将常用工具、专用工具放在工具车上,工具车放在拆装过程易于取用的位置。
(3) 清洁场地。
(4) 讲解安全注意事项和拆装注意事项。

三、注意事项

(1) 使用举升器时,应严格按操作规程进行操作,并按小提示注意安全。
(2) 拆卸发动机过程中断开或松开的所有电器插头,在安装时必须重新装回原位。
(3) 拆卸过程不拆变速器,只将发动机总成向上吊出。
(4) 抽取的冷却液和机油必须分别用干净的容器予以收集,用于处理或再使用。
(5) 拆卸前应先关闭电源,拆下蓄电池搭铁线。

四、操作步骤

图 2-16 安装转向盘护套

1. 车辆准备

(1) 汽车进入工位前,将工位清理干净,准备好相关器材。
(2) 套上转向盘护套、变速器手柄套和座椅套,铺设脚垫,如图 2-16 和图 2-17 所示。
(3) 正确停放车辆,在车轮处放置车挡块,如图 2-18 所示,并拉紧驻车制动器操纵杆,图 2-19 所示。
(4) 打开发动机舱盖,安装磁性护垫,如图 2-20

所示。清洁发动机舱并对燃油油路进行泄压处理。

2. 汽车举升

(1)将车辆停放在举升器内。

(2)使举升器的四个举升臂分别与车辆前后支撑点相接触,如图2-21所示。

图2-17 安装座椅护套

图2-18 放置车轮挡块

图2-19 拉紧驻车制动器操纵杆

图2-20 安装磁性护垫

(3)举升车辆。当车辆的四个轮胎被举升至刚离开地面时,用手摇动车身,检查车辆支撑应牢固可靠。

(4)车辆举升到所需高度后,检查各支撑点的固定情况,确认安全后再进行其他作业。

(5)在拆装过程中,根据需要随时调整举升高度。

◎小提示:下降时应先确认车辆不会压着人和其他物体。车下作业时,禁止过度用力推动车辆,以防汽车从支撑脚上滑下。

3. 拆散热器及冷却系统附件

桑塔纳3000轿车AYJ发动机冷却系统零件及管路布置图如图2-22所示。

(1)关闭点火开关,拆下蓄电池的搭铁线。

(2)旋开冷却系统冷却液膨胀箱盖。

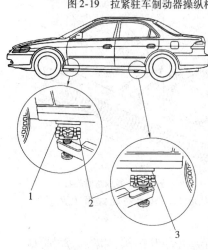

图2-21 汽车举升

1-前支撑点;2-举升装置;3-后支撑点

(3)拆下油底壳下部的导流板固定螺栓,拆下导流板,如图2-23所示。

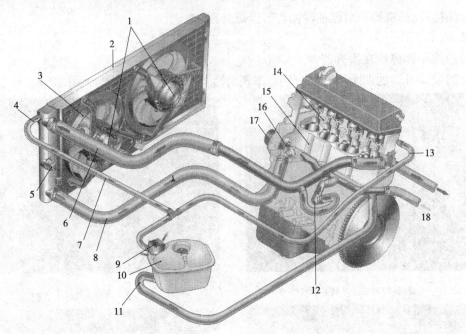

图2-22 桑塔纳3000轿车AYJ发动机冷却系统零件及管路布置

1-电动风扇;2-散热器;3-护罩;4-过热蒸汽;5-电动风扇双速热敏开关;6-冷却液上橡胶软管;7-散热器排气管;8-冷却罩下橡胶软管;9-膨胀箱盖;10-冷却液膨胀箱;11-膨胀箱管;12-节气门热水管;13-发动机水套排气管;14-汽缸盖水管;15-汽缸体水套;16-水泵;17-齿形带带轮;18-接暖风装置

(4)在发动机底部放置冷却液收集器。

(5)松开散热器下橡胶水管抱箍,如图2-24所示,拆下散热器下橡胶水管,放出冷却液。

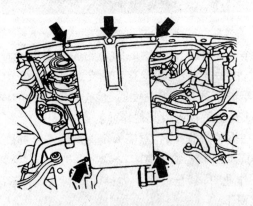
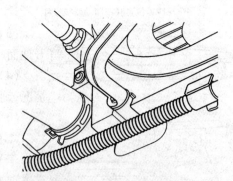

图2-23 拆下油底壳下部的导流板　　　图2-24 散热器下橡胶水管抱箍

◇小提示:①所抽取的冷却液必须用干净的容器予以收集,用于处理或再使用。
②冷却液是有毒液体,不能直接排到下水道。

(6)从支座上拔下散热器电动风扇的两个插头连接器,并断开插头,如图2-25所示。

(7)拔下散热器左侧的电动风扇双速热敏开关插头,如图2-26所示。

(8)松开散热器上橡胶水管固定抱箍和散热器排气管固定抱箍,拆下冷却液上橡胶水管和排气管,如图2-27所示。

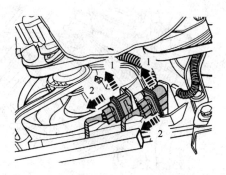 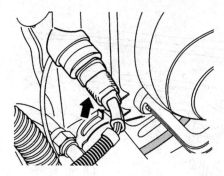

图 2-25　拔下散热器电动风扇插头
1-拔下；2-断开

图 2-26　拔下散热器左侧的热敏开关插头

(9) 松开水泵进水口处的散热器下橡胶水管固定抱箍，拆下冷却液下橡胶水管。

(10) 拆下散热器电动风扇的固定螺栓，并拆下散热器电动风扇和散热器。

(11) 拆下发动机水套排气管。

(12) 拆下出水管接头处的冷却液上橡胶水管固定抱箍，拔下冷却液上橡胶水管。

(13) 拆下出水管接头处暖风热交换器的冷却液软管固定抱箍，拔下通往热交换器的冷却液管，如图 2-28 所示。

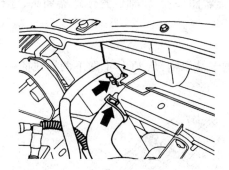 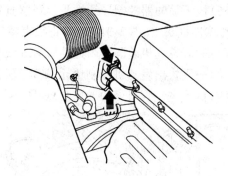

图 2-27　松开散热器上橡胶水管固定抱箍

图 2-28　拆下发动机通往热交换器的冷却液管

(14) 拆下节气门热水管和冷却液膨胀箱水管。

(15) 拆下冷却液膨胀箱。

4. 放出自动变速器油和机油

(1) 在自动变速器下方放置集油盘。

(2) 拆下箭头所示自动变速器油管，如图 2-29 所示，放出自动变速器油。

(3) 拆下油底壳左侧的自动变速器油管支架螺栓。

(4) 在发动机油底壳下方放置集油盘。

(5) 旋下油底壳放机油口螺塞，放尽机油。

◇小提示：①所抽取的机油必须用干净的容器予以收集，用于处理或再使用。
②机油不能直接排到地上或下水道内，以免对环境产生污染。

(6) 旋上放机油口螺塞，并按规定力矩拧紧。

5. 拆下导线插头及附件

(1) 拆下蓄电池正极线和搭铁线，拆下蓄电池固定卡子，如图 2-30 所示。

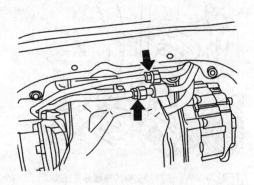

图2-29 拆下自动变速器油管

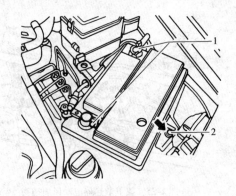

图2-30 拆蓄电池
1-蓄电池接柱;2-卡子

(2)将蓄电池向外拉出少许,取出蓄电池。
(3)松开蓄电池支架固定螺栓,拆下蓄电池支架。
(4)拆下发动机罩。
(5)拔下冷却液温度传感器、机油压力报警传感器、爆震传感器、氧传感器、发动机转速传感器和点火控制器的导线插头。
(6)拔下喷油器控制导线插头、节气门位置传感器插头、凸轮轴位置传感器插头、进气温度传感器插头,如图2-31所示,将线束整理到一边。
(7)脱开发动机舱隔板附近的所有导线插头。
(8)分别拔出发动机控制单元(ECU)两插头的卡簧手柄,从ECU上取下两导线插头。
(9)拆下进气管口处的导气盒,如图2-32所示。

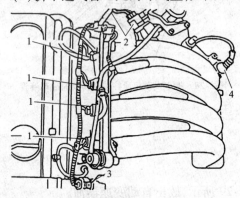

图2-31 导线插头
1-喷油器;2-节气门位置传感器;3-凸轮轴位置
传感器;4-进气温度传感器

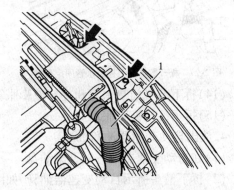

图2-32 拆下进气管口处的导气盒
1-进气管

(10)拔下空气流量计导线插头,如图2-33所示。
(11)用十字螺丝刀拆下空气流量计固定螺栓,从空气滤清器上拆下空气流量计。
(12)拔下活性炭罐电磁阀的导线插头,从空气滤清器上拆下活性炭罐电磁阀。
(13)拆下空气滤清器至节气门体之间的进气软管。
(14)拆下空气滤清器盖,取出空气滤芯。

(15)拆下空气滤清器,先脱开底部的固定夹1,再往向拔出一点,然后向发动机方向取出空气滤清器,如图2-34所示。

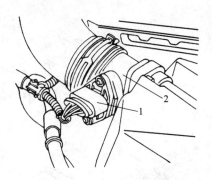

图2-33 拆下空气流量计

1-空气流量计导线插头;2-空气流量计

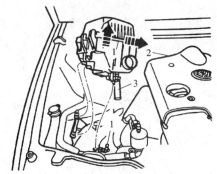

图2-34 拆下空气滤清器

1-固定夹;2-发动机方向;3-漏水管

(16)拆下节气门前方的进气管抱箍,取下曲轴箱通风管和进气管,如图2-35所示。

(17)拆下制动助力器真空管的抱箍,取下真空软管。

(18)拔出通往活性炭罐的真空管。

(19)从分油管上拆下进油管和回油管,如图2-36所示。

◇小提示:①燃油系统有较高的压力,在松开油管前,应先卸压或在接头处放置抹布,然后小心地松开接头,以防燃油飞溅。拆卸时用毛巾盖住接头,以防止燃油喷出。

②拆卸燃油系统的零件时,周边不应有明火,以防引起火灾。

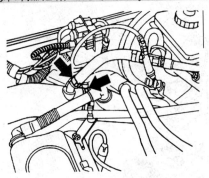

图2-35 拆下节气门前方的进气管

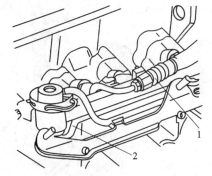

图2-36 拆进油管和回油管

1-进油管;2-回油管

(20)拔下节气门拉索上的调整锁片,从节气门控制臂上拆下节气门操纵拉索,如图2-37所示。

(21)拆下节气门操纵拉索支架。

6.拆下空调压缩机

空调压缩机、压缩机支架分解图如图2-38所示。

(1)松开空调压缩机与支架的连接螺栓,取下空调压缩机多楔带。

◇小提示:拆下多楔带前做好方向记号,装复使用时,应按原方向装回,以免损坏多楔带。

(2)移开空调压缩机,并用绳子将其固定在副梁上。

◇小提示：不要让空调软管承受空调压缩机重力，以防拉坏软管。
如果要松开空调软管，应用专用设备抽取制冷剂，不能将制冷剂直接排到大气中。

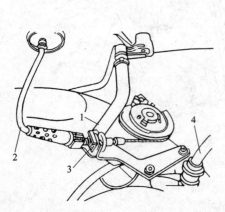

图 2-37　拆下节气门操纵拉索
1-炭罐电磁阀真空管；2-节气门拉索；3-调整锁片；4-真空助力器真空管

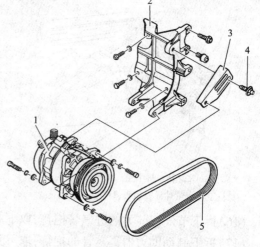

图 2-38　空调压缩机、压缩机支架分解图
1-空调压缩机；2-压缩机支架；3-多楔带张紧支架；4-多楔带张紧力调节螺栓；5-压缩机多楔带

7. 拆下发电机

发电机、动力转向液压泵传动带分解图，如图 2-39 所示。

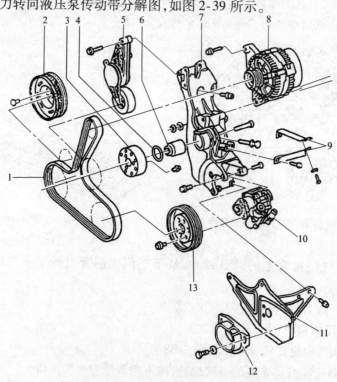

图 2-39　发电机、动力转向液压泵传动带分解图
1-传动带；2-曲轴带轮；3-过渡轮；4-保持夹；5-传动带张紧轮；6-过渡轮轴；7-支架；8-发电机；9-支架；10-动力转向液压泵；11-支架；12-扭力臂限位块；13-动力转向液压泵带轮

(1)使用扳手顺时针方向,扳动张紧轮,如图 2-40 所示,使发电机传动带松开,并用销钉固定张紧轮。

(2)从发电机上取下发电机传动带。

(3)从张紧轮上取下销钉。

(4)拆下发电机导线插头,使其与导线脱开。

(5)拆下起动机导线,并给导线做好记号,以便能正确安装。

(6)松开发电机与支架的上、下连接螺栓。

(7)轻轻转动发电机,拔下下部连接螺栓,取下发电机。

8. 拆动力转向液压泵

(1)松开动力转向液压泵带轮的螺栓,取下传动带。

◎小提示:在取下传动带前,应先做好方向记号,安装时,方向不能错。如相反方向安装,将可能使传动带损坏。

(2)从支架上拆下动力转向液压泵,并将其固定在发动机舱内一侧。

9. 脱开排气管

(1)拆下排气管吊架,如图 2-41 所示。

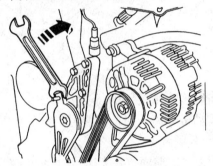
图 2-40 用扳手扳动张紧轮

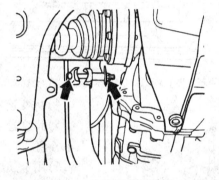
图 2-41 拆下排气管吊架

(2)旋下排气歧管与前排气管的连接螺栓,使两者分离。

10. 分离变速器与发动机

(1)松开车身上的搭铁线。

(2)脱开起动机的导线,并从变速器壳体上拆下起动机。

(3)拔下变速器上的车速传感器和倒车灯开关导线插头。

(4)拆下发动机右线束。

(5)拆下液力变矩器与飞轮的连接螺栓(自动变速器车辆)。

(6)拆下发动机与变速器连接处的支架。

(7)拆下传动轴,并将它们密封好,防止灰尘进入。

(8)使用专用支架固定变速器。

(9)拆下发动机与变速器的所有连接螺栓。

(10)拆下变速器前部支架,如图 2-42 所示(手动变速器汽车)。

(11)拆下后部支架与变速器支撑的连接螺栓,如图 2-43 所示。

(12)拆下发动机前部与车身的连接扭力臂固定螺栓,如图 2-44 所示。

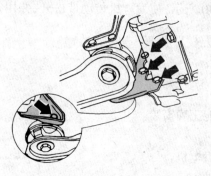

图2-42 拆下变速器前部支架

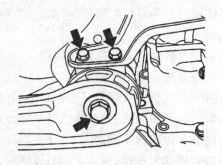

图2-43 拆下后部支架与变速器支撑的连接螺栓

（13）拆下发动机纵上定位螺栓，如图2-45所示。

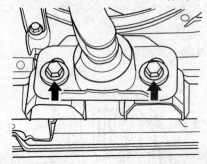

图2-44 拆下发动机前部与车身的连接扭力臂固定螺栓

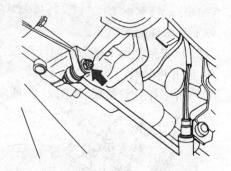

图2-45 拆下发动机纵上定位螺栓

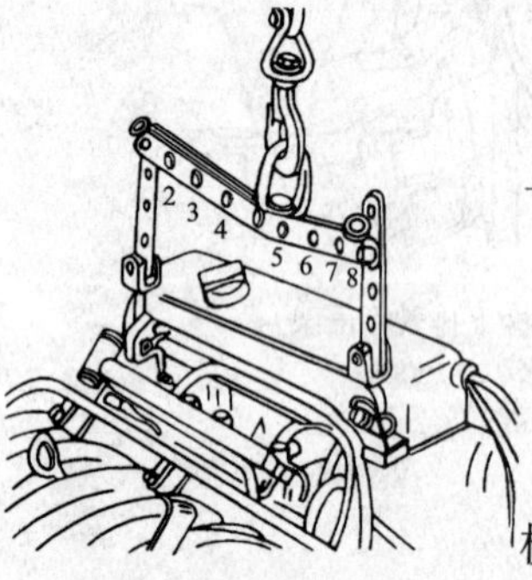

（14）将变速器稍向后移动，拆下中间金属片。

（15）将变速器与发动机分离，同时，将液力变矩器和传动盘与飞轮分离（自动变速器车辆）。

（16）用金属线将液力变矩器固定在变速器内，防止倾倒。

11. 吊出发动机总成

（1）拆下发动机液压支撑座螺母。

（2）用专用吊架和专用吊车小心地从发动机舱内吊出发动机，如图2-46所示。

图2-46 吊出发动机

（3）拆下离合器总成。

◇**小提示**：为确保重心平衡，防止发动机侧翻，应按图示位置装好吊架。起吊前，应检查发动机与车身间的软管和导线已经拆开。

课题三 发动机总成的装车

一、工具、设备和材料准备

（1）桑塔纳3000轿车一辆（带AYJ发动机）。

（2）汽车举升器一台。

（3）AYJ发动机拆装台架一部。

（4）常用工具一套，工具车一辆。
（5）工作台一个，零件摆放架一个。
（6）专用工具一套。
（7）机油收集器一台。
（8）冷却液收集器一台。
（9）发动机拆装吊架一台。

二、作业前的准备

（1）将桑塔纳3000轿车停放在举升设备中间。
（2）将常用工具、专用工具放在工具车上，工具车放在拆装过程易于取用的位置。
（3）清洁场地。
（4）讲解安全注意事项和拆装注意事项。

三、注意事项

（1）使用举升器时应严格按操作规程进行操作，并按小提示注意安全。
（2）在发动机拆卸过程中，断开或松开的所有电器插头，必须按原位装回。

四、操作步骤

1. 吊装发动机总成

（1）先用定心轴将离合器从动盘与飞轮中心定位，如图2-47所示，装上离合器，按规定力矩拧紧。

◇小提示：离合器从动盘与飞轮的中心一致。

（2）用专用吊架和吊车将发动机总成吊入发动机舱内，如图2-48所示。

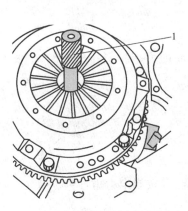

图2-47 定心轴将离合器从动盘与飞轮中心定位
1-定心轴

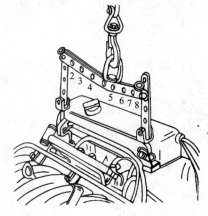

图2-48 吊装发动机

（3）清理发动机周围的零件，防止被压损坏。

◇小提示：①安装过程中要小心，不能将管路和导线压坏。
②发动机舱空间窄小，所有管路、导线都必须按原位置装回，并与运动部件及发热部件间留有足够的间隙。

2. 装上变速器

(1)变速器轴上涂抹一层薄薄的润滑脂,装上变速器。

◇小提示:发动机与变速器间的定位销应定位可靠。

(2)装上变速器与发动机的连接螺栓,用扳手以60N·m的力矩拧紧连接螺栓。

(3)装上发动机两侧与车身的固定螺栓。

(4)装上液力变矩器与飞轮的连接螺栓(自动变速器车辆),并按规定力矩拧紧。

(5)装上起动机电源线和控制线。

(6)装上变速器前部支架,如图2-49所示(手动变速器汽车)。

(7)装上后部支架与变速器支撑的连接螺栓,如图2-50所示。

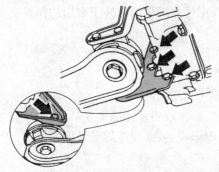
图2-49 装上变速器前部支架

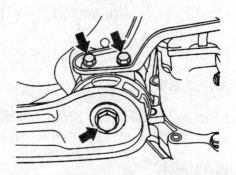
图2-50 装上后部支架与变速器支撑的连接螺栓

(8)装上发动机前部与车身的连接扭力臂固定螺栓,如图2-51所示。

(9)按规定力矩拧紧发动机两侧与车身的固定螺栓。

(10)装上变速器上的车速传感器和倒车灯开关插头。

(11)装上车身上的搭铁线。

(12)取出安装吊车及吊装铁链。

(13)装上传动轴。

3. 装上排气管

(1)装上排气管密封垫及排气管,以30N·m的力矩拧紧排气歧管与排气管的连接螺母。

(2)装上排气管吊架。

4. 安装动力转向液压泵

(1)装上动力转向液压泵,拧紧固定螺栓。

(2)拧紧油管固定螺栓。

(3)装上动力转向液压泵带轮,装上紧固螺栓,并按规定力矩拧紧。

5. 安装发电机

(1)将发电机放入发电机支架上,如图2-52所示。

(2)装上发电机固定螺栓,并按规定力矩拧紧。

(3)连接发电机线束,拧紧固定螺母。

(4)插上发电机调节器插头。

(5)装上发电机的输出导线。

(6)装上发电机搭铁线。

(7)将多楔带套在曲轴带轮上。

图 2-51　装上发动机连接扭力臂固定螺栓

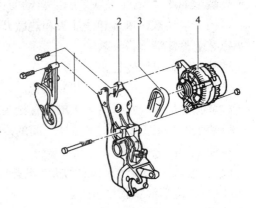

图 2-52　安装发电机

1-张紧轮支架；2-支架；3-多楔带；4-发电机

(8)使用扳手按顺时针方向扳动传动带张紧轮，如图 2-53 所示，使张紧轮张开，用销钉固定张紧轮。

(9)将多楔带安装到位后，用扳手按顺时针方向扳动传动带张紧轮，拆下张紧轮上的销钉。

6. 安装空调压缩机

(1)装上空调压缩机及支架，装上紧固螺栓。

◇小提示：空调压缩机的带轮前端面应与曲轴带轮处于一个平面。

(2)按拆下时的方向记号装上空调压缩机多楔带。

◇小提示：多楔带上的筋条应完全卡入带轮的楔槽中。

(3)调整好空调压缩机多楔带的张紧力，按规定力矩拧紧空调压缩机固定螺栓，如图 2-54 所示。

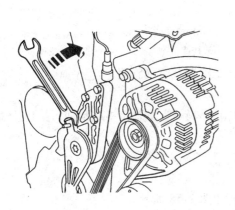

图 2-53　用扳手扳动张紧轮

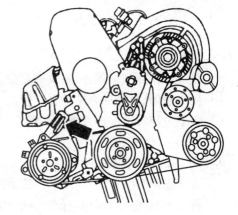

图 2-54　调整空调压缩机多楔带的张紧力

(4)装上飞轮下盖板，并用螺栓固定。

(5)装上机油尺托架，拧紧托架固定螺栓。插上机油尺。

7. 装散热器及冷却系统部件

(1)装上散热器电动风扇和散热器。

(2)装上如图 2-55 中箭头所示的自动变速器油管。

(3)插上电动散热风扇导线插头和热敏开关上的导线插头。

(4)装上冷却液下橡胶软管。

(5)装上缸盖出水管接头。

(6)装上暖风热交换器的冷却液软管。

(7)装上冷却液上水管与缸盖出水管接头之间的冷却液上橡胶水管。

(8)装上冷却液上水管与散热器之间的冷却液上橡胶软管。

(9)装上冷却液膨胀箱。

(10)装上散热器排气管和发动机水套排气小软管。

(11)装上冷却液膨胀箱水管。

8. 装进气系统附件

(1)装上节气门体,装上紧固螺栓,并按规定力矩拧紧。

(2)装上节气门热水管。

(3)插上节气门位置传感器的插头。

(4)装上节气门操纵拉索,调整拉索使其活动灵活,如图 2-56 所示。

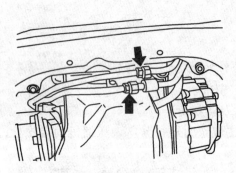

图 2-55 自动变速器油管

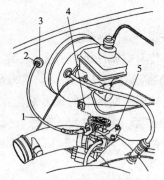

图 2-56 装上节气门操纵拉索
1-节气门拉索;2-节气门拉索护套张紧螺母;
3-挡片;4-调整锁片;5-节气门拉索支架

(5)装上空气滤清器罩壳、空气流量计、空气滤清器及空气管路。

(6)插上炭罐、真空助力器的真空管。

(7)装上分油管上的进油管和回油管,曲轴箱通风软管,如图 2-57 所示。装上进气歧管罩并用固定螺栓固定。

9. 装导线插头及附件

(1)连接发动机线束,并将发动机线束固定位置。

(2)将喷油器插头移到相应位置,插上插头,如图 2-58 所示。

(3)插上点火控制器插头。

(4)装上进气压力传感器,按规定力矩拧紧固定螺栓。

(5)插上进气压力传感器插头。

(6)装上活性炭罐电磁阀,插上空气流量计、活性炭罐电磁阀、氧传感器、进气温度传感器的导线插头。

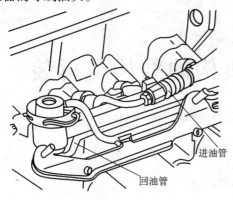

图2-57 装进油管和回油管

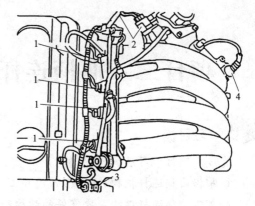

图2-58 导线插头
1-喷油器;2-节气门位置传感器;3-凸轮轴位置传感器;4-进气温度传感器

(7)装上发动机转速传感器、凸轮轴位置传感器、冷却液温度传感器、机油压力报警器、爆震传感器、氧传感器的导线插头。

(8)装上发动机控制单元(ECU)的两导线插头,并推入卡簧手柄。

(9)加入冷却液至冷却液储液罐最高点标记处。

(10)加注机油,使机油液面达到机油标尺两刻线中间位置。

(11)装上蓄电池固定支架。

(12)装蓄电池,装好蓄电池固定卡子,并用螺栓固定。

(13)装上蓄电池正极线和搭铁线。

桑塔纳3000轿车AYJ发动机主要螺栓拧紧力矩见表2-4。

发动机主要螺栓拧紧力矩　　　　表2-4

部位、规格	螺栓、螺母	桑塔纳3000轿车AYJ发动机(N·m)	卡罗拉1ZR—FE发动机(N·m)
特殊部位	发动机支撑与副梁	40±5	95
	发动机支架与发动机支撑	40±5	95
	发动机扭力臂	23±3	145
	排气歧管与前排气管连接螺栓	25±2.5	
	变速器与发动机缸体	45	33

项目三　曲柄连杆机构的结构与拆装

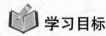
学习目标

完成本项目学习后,你应当能:
1. 掌握曲柄连杆机构的组成、作用和工作原理。
2. 掌握曲柄连杆机构主要零件的结构和作用。
3. 正确完成汽缸盖和汽缸衬垫的拆装,并掌握拆装的技术要求。
4. 正确完成活塞连杆组的拆装,并掌握活塞连杆拆装的技术要求。
5. 正确完成曲轴飞轮组的拆装,并掌握曲轴、飞轮拆装的技术要求。
6. 会查阅汽车发动机技术资料。
7. 具备环保意识和知识,会处理废料。

建议课时:18课时。

课题一　曲柄连杆机构的组成和主要部件的结构

一、曲柄连杆机构的作用和组成

曲柄连杆机构是往复活塞式内燃机将热能转变为机械能的主要机构,它的作用是将燃料燃烧后作用在活塞上的压力转变成曲轴的转矩,向外输出动力。曲柄连杆机构的组成如图3-1所示。

曲柄连杆机构可分为机体组、活塞连杆组、曲轴飞轮组三个组。机体组主要由汽缸盖、汽缸体、曲轴箱、汽缸衬垫、油底壳和汽缸套等不动件组成;活塞连杆组主要由活塞、活塞环、活塞销和连杆等运动件组成;曲轴飞轮组主要由曲轴、飞轮、扭转减振器和带轮等旋转件组成。

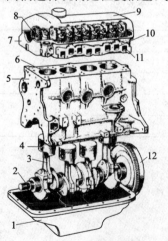

图3-1　曲柄连杆机构的组成
1-油底壳;2-曲轴;3-连杆;4-活塞;5-汽缸体;6-汽缸;7-汽缸盖;8-凸轮轴;9-汽缸盖罩;10-进气道;11-排气道;12-飞轮

二、机体组主要部件的结构

发动机机体组是发动机的骨架,是发动机各机构、系统和各种附件的装配基体。机体组主要由汽缸盖、汽缸体、曲轴箱、汽缸衬垫、油底壳和汽缸套等组成,如图3-2所示。

项目三 曲柄连杆机构的结构与拆装

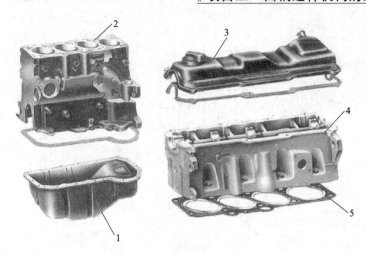

图 3-2 机体组的组成
1-油底壳;2-汽缸体;3-汽缸盖罩;4-汽缸盖;5-汽缸衬垫

1. 汽缸体

发动机汽缸体与上曲轴箱常铸成一体,简称汽缸体,结构如图 3-3 所示,是发动机各机构安装的基础。

汽缸体上半部有若干个汽缸,上下有两个平面用以安装汽缸盖和油底壳,中部有水套。

上曲轴箱的下部制有用于安装曲轴的主轴承座孔,侧壁和前后壁上钻有将润滑油流向各轴承的主油道和分油道。

(1)根据上曲轴箱结构的不同汽缸体可分为平分式、龙门式、隧道式三种,如图 3-4 所示。

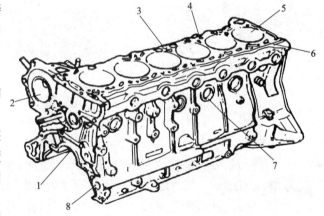

图 3-3 汽缸体的结构
1-主轴承座;2-水泵支座;3-汽缸体;4-缸盖螺栓孔;5-汽缸;6-水道;7-加强筋;8-主油道

①平分式:曲轴轴线与汽缸体下平面在同一平面上,如图 3-4a)所示。平分式结构质量轻,但刚度小,与油底壳接合面密封困难。

②龙门式:曲轴轴线高于汽缸体下平面,如图 3-4b)所示。龙门式结构具有长度方向强度高的优点,广泛应用于多种发动机中。

③隧道式:主轴承座孔不分开,如图 3-4c)所示。隧道式结构刚度最大,主轴承同轴度易保证,但拆装较困难。多用于机械负荷大、主轴承采用滚动轴承的发动机。

汽缸体和上曲轴箱一般采用灰铸铁、球墨铸铁或合金铸铁制造。为减轻质量和加强散热,也有采用铝合金铸造。

(2)根据汽缸排列形式不同,汽缸体分直列式、V 形、水平对置式等形式,如图 3-5

所示。

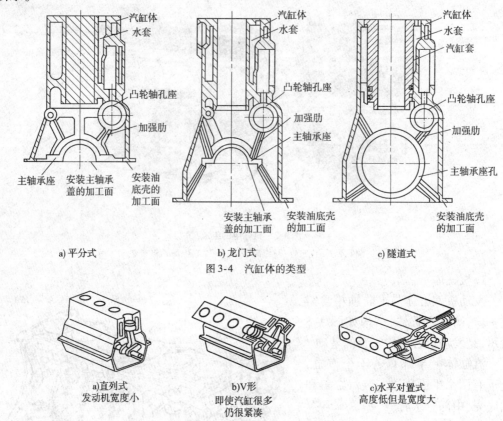

a) 平分式　　　　　b) 龙门式　　　　　c) 隧道式

图 3-4　汽缸体的类型

a) 直列式
发动机宽度小

b) V形
即使汽缸很多
仍很紧凑

c) 水平对置式
高度低但是宽度大

图 3-5　汽缸排列方式及特点

①直列式：各汽缸排成一直列，是最普通的汽缸排列方式。其特点是宽度较小，高度较高，发动机的总长度将随着汽缸数目的增加而增加。

②V形：汽缸呈V形排成两列。其特点是汽缸体长度和高度小、宽度较大、形状复杂。而且由于曲轴轴承减少，这种发动机的摩擦损失也有所降低。

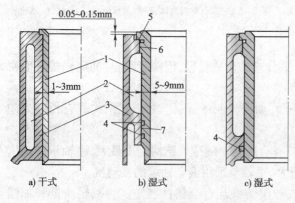

a) 干式　　b) 湿式　　c) 湿式

图 3-6　汽缸套

1-汽缸套；2-水套；3-汽缸体；4-橡胶密封圈；5-凸缘平面；6-上支撑密封带；7-下支撑密封带

③水平对置式：汽缸分两列水平分布在曲轴的两侧。其特点是重心低、宽度大、发动机的平衡性好。

2. 汽缸

汽缸体内引导活塞作往复运动的圆柱形空腔称为汽缸。它要承受可燃混合气燃烧产生的压力和热量及活塞在汽缸内往复运动中产生的侧向压力。

汽缸根据汽缸套的结构不同，可分为干式缸套和湿式缸套两种，如图3-6所示。

3. 汽缸盖与燃烧室

1) 汽缸盖

汽缸盖安装在汽缸体的上表面，与活塞一起形成燃烧室。汽缸盖内部有用于冷却燃烧室及周围区域的水套，其下端面上的冷却水道与汽缸体上的冷却水道相通，以保证冷却液的循环。汽缸盖上有进、排气门座，气门导管孔及进、排气通道等。汽缸盖两侧安装进、排气歧管，上部安装凸轮轴。汽缸盖上还加工有安装火花塞（汽油机）或喷油器（柴油机）的座孔，结构如图3-7所示。

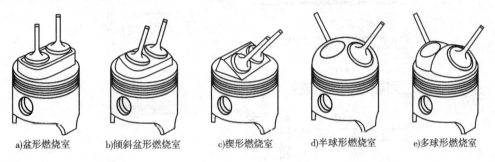

图3-7　发动机汽缸盖
1-水道；2-凸轮轴支座；3-液力挺柱座；4-进气道

2）燃烧室

燃烧室有盆形、倾斜盆形、楔形、半球形、双球形、多球形等类型，如图3-8所示。

a）盆形燃烧室　　b）倾斜盆形燃烧室　　c）楔形燃烧室　　d）半球形燃烧室　　e）多球形燃烧室

图3-8　发动机燃烧室

4. 汽缸衬垫

汽缸衬垫安装在汽缸盖和汽缸体之间，它是发动机中最重要的一种垫片，作用是保证汽缸盖和汽缸体间的密封，防止漏水、漏气与窜油。

汽缸衬垫常见有金属—石棉衬垫、纯金属衬垫等类型。

金属—石棉衬垫的结构是，石棉中间掺入铜屑或钢丝，以加强导热，平衡汽缸体与汽缸盖的温度；石棉外包铜皮和钢皮，且在缸口、水孔、油道口周围用金属包边予以加强，以防被高温燃气烧坏，如图3-9a)、b) 所示。这种衬垫压紧厚度为1.2～2.0mm，有很好的弹性和耐热性，能重复使用，但厚度和质量的均一性较差。

金属骨架—石棉衬垫的结构是用编织的钢丝网（图3-9），或用孔钢板为骨架[图3-9d)]，外覆石棉及橡胶黏结剂压制而成，表面涂以石墨粉等润滑剂，只在缸口、油道口和水孔处用金属包边。这种缸垫弹性更好，但易粘接，一般一次性使用。

纯金属汽缸衬垫由单层或多层金属片（铜、铝或低碳钢）制成，如图3-9e)所示。为了确保密封，在缸口、水孔、油道口处冲有弹性凸筋。

5. 油底壳

油底壳又称下曲轴箱，结构如图3-10所示，其作用是储存和冷却机油并封闭曲轴箱。一般用薄钢板冲压而成。为防止汽车振动时油底壳油面产生较大的波动，内部设有稳油挡板。在底部装有放油螺塞，为能吸附机油中的铁屑，放油螺塞带磁性。曲轴箱与油底壳之间有密封衬垫。

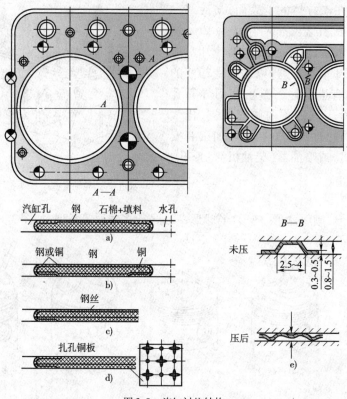

图 3-9 汽缸衬垫结构

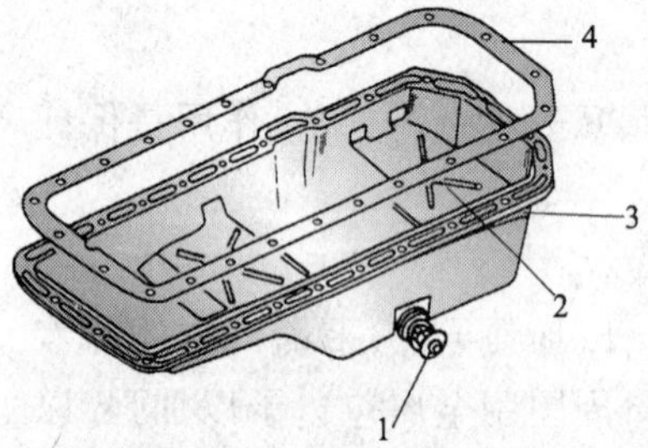

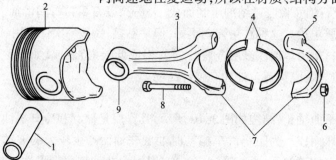

图 3-10 油底壳
1-放油螺塞;2-稳油挡板;3-油底壳;4-密封衬垫

三、活塞连杆组主要部件的结构

活塞连杆组主要由活塞、活塞环、活塞销和连杆等部件组成,如图 3-11 所示。

1. 活塞

活塞的作用是承受汽缸中可燃混合气燃烧的压力,并将此力通过活塞销和连杆传给曲轴。此外,活塞还与汽缸盖、汽缸壁共同组成燃烧室。

活塞不仅与高温、高压的燃烧气体接触,还要在汽缸内高速地往复运动,所以在材质、结构方面要求较高。

图 3-11 活塞连杆组的组成
1-活塞销;2-活塞;3-连杆;4-轴承;5-连杆盖;6-连杆螺母;7-连杆大头;8-连杆螺栓;9-连杆小头

活塞由活塞顶部、活塞头部和活塞裙部三部分组成,如图3-12所示。

(1)活塞顶部是燃烧室的组成部分,其形状有平顶、凸顶和凹顶等形式,如图3-13所示。

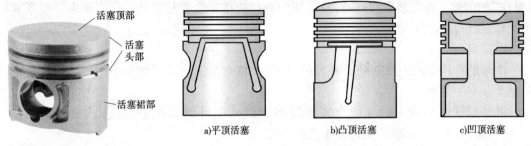

图3-12 活塞的基本结构　　　　　图3-13 活塞顶部的形状

(2)活塞头部是指活塞顶到最后一道活塞环槽之间的部分,其作用是承受气体压力、防止漏气和将热量通过活塞环传给汽缸壁。活塞头部切有若干环槽,用以安装活塞环。上面的2~3道环槽用来安装气环,最下面的一道环槽用来安装油环。油环槽的底部钻有若干小孔,用于将油环刮下的多余机油流回油底壳。

(3)活塞裙部是指活塞环槽以下的部分,其作用是引导活塞在汽缸中往复运动,并承受侧向压力。

活塞安装在汽缸内后,活塞裙部与汽缸壁之间必须保持一定的间隙(0.03~0.06mm),如图3-14所示。间隙过小,活塞热膨胀时可能被卡住;间隙过大,会导致活塞顶部的气体窜入曲轴箱和下部的机油窜入燃烧室或产生敲击声。

2.活塞环

活塞环包括气环和油环两种,如图3-15所示。

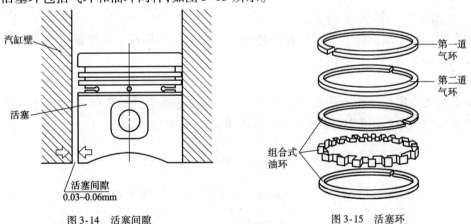

图3-14 活塞间隙　　　　　图3-15 活塞环

1)气环

气环也称密封环,其作用是保证活塞与汽缸壁间的密封,防止燃烧室中的高温高压气体大量漏入曲轴箱,同时还可将活塞头部的热量传给汽缸壁。一般每个活塞上装有2~3道气环。

为保证活塞环在汽缸内可靠工作,应保持有端隙、侧隙、背隙三个间隙,如图3-16所示。活塞环端隙是指活塞环随活塞装入汽缸后,两端头间的间隙,此间隙是为了防止活塞环受热膨胀卡死在汽缸内而设置的。活塞环的背隙是指活塞与活塞环装入汽缸后，活塞环内圆柱面与活塞环槽底间的间隙。活塞环侧隙是指环的厚度与活塞上相应环槽宽度的差值，此间隙过大会使环的气体密封性下降，间隙过小会导致在高温膨胀时相互间发生"粘住"的危险。在安装活塞环时，各道环的开口应按规定互相错开。活塞环上一般还有朝上标记，应按规定安装。

2) 油环

油环的作用是刮去汽缸壁上多余的机油，并将汽缸壁上的机油分布均匀。一般每个活塞上装有一道油环。

油环根据结构的不同分组合式油环和整体式油环两种类型，组合式油环结构如图3-17所示，其中使用较广泛的是组合式油环。

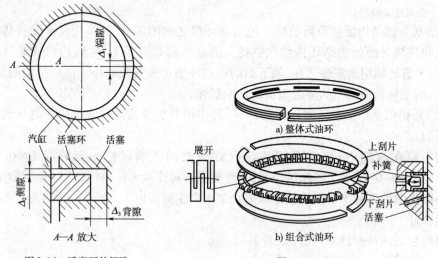

图3-16 活塞环的间隙　　图3-17 油环

组合式油环由刮油的上下刮片和保持表面压力的衬簧构成。通过使用衬簧，可以得到较高的表面压力。

3. 活塞销

活塞销的作用是连接着活塞和连杆的小头，将活塞所承受的气体压力传递给连杆。活塞销呈中空圆筒形的形状，常见的结构形式如图3-18所示。

图3-18 活塞销的结构

活塞销与活塞销座孔和连杆小头的连接，配合方式有全浮式和半浮式两种，如图3-19所示。全浮式活塞销能在连杆小头轴承和活塞销座孔内自由转动，可以保证活塞销沿圆周方向磨损均匀，应用较普遍。为防止活塞销轴向窜动而损坏汽缸壁，在活塞销座孔的两端装有弹性卡环来限位。半浮式活塞销是用螺栓将活塞销夹紧在连杆小头内,活塞销只能在活塞销座孔内转动,因此连杆小头内没有轴承,活塞销座孔内也不装卡环。

4. 连杆

连杆的作用是将活塞的往复运动转变为曲轴的旋转运动,并将活塞承受的力传给曲轴。连杆的质量要轻,而且应具有足够的强度来承受发动机运转时的压力和拉力。

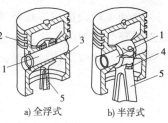

图 3-19 活塞销的连接方式
1-活塞销;2-连杆小头轴承;3-活塞销卡环;4-螺栓;5-连杆

连杆的结构如图 3-20 所示,连杆由小头、杆身和大头组成。为了减轻质量,杆身为工字形截面。连杆小头用来安装活塞销以连接活塞,在全浮式连接的连杆小头内压有减磨的连杆小头轴承。连杆大头切分成杆身和连杆盖两部分,通过连杆螺栓与曲轴的连杆轴颈相连。在连杆盖和连杆杆身上都有朝前标记,以免在组合时,装错连杆大头与连杆盖的方向。有些连杆盖上有定位销,在组合连杆总成时起定位作用。

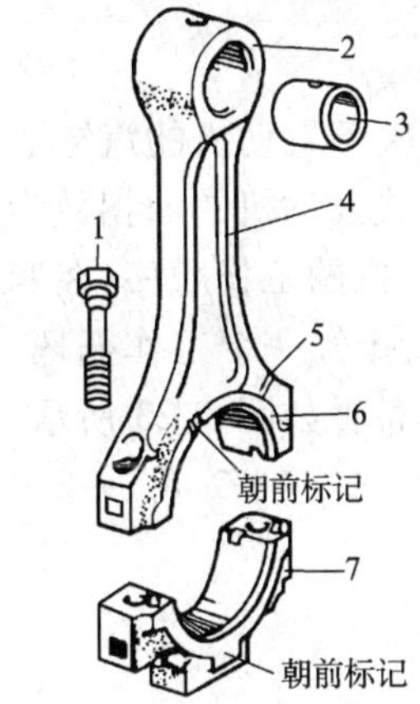

四、曲轴飞轮组主要部件的结构

曲轴飞轮组主要由带轮、扭转减振器、正时齿轮、曲轴、飞轮、油封等主要零件组成,如图 3-21 所示。

1. 曲轴

曲轴的作用是接受活塞连杆组传来的气体燃烧产生的压力,通过飞轮输出,同时将活塞的往复运动转变为旋转运动。曲轴一般由主轴颈、连杆轴颈、曲柄臂、平衡重、前端轴和后端凸缘等组成,如图 3-22 所示。

曲轴前端是第一道主轴颈之前的部分,安装有驱动配气机构的曲轴正时齿轮、驱动水泵和交流发电机等辅机的曲轴带轮及扭转减振器等。曲轴的后端是最后一道主轴颈之后的部分,后端带有安装飞轮的凸缘,在后端部还安装了变速器第一轴的导向轴承。

图 3-20 连杆的结构
1-连杆螺栓;2-连杆小头;3-连杆小头轴承;4-连杆杆身;5-机油喷口;6-连杆大头;7-连杆盖

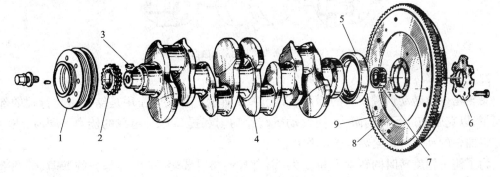

图 3-21 曲轴飞轮组主要部件
1-曲轴带轮和扭转减振器;2-正时链轮;3-半圆键;4-曲轴;5-曲轴后油封;6-垫片;7-变速器第一轴轴承;8-飞轮齿圈;9-飞轮

曲轴主轴颈通过主轴承支撑在曲轴箱上,连杆轴颈与连杆大头相连。平衡重可以消除旋转部分质量的不平衡。曲轴主轴颈和连杆轴颈间有润滑油道,用于将曲轴主轴颈的一部分机油供应给连杆轴颈和连杆大头轴承润滑。

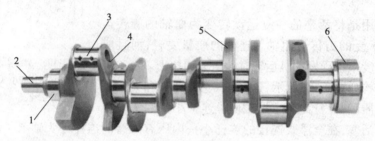

图 3-22　曲轴的结构

1-主轴颈;2-曲轴前端;3-连杆轴颈;4-曲柄臂;5-平衡重;6-曲轴后端

一个连杆轴颈和它两侧的主轴颈组成一个曲拐。曲拐的数量取决于发动机的汽缸数及其排列方式,直列发动机的曲拐数等于汽缸数,而 V 形排列和对置式发动机的曲拐数为汽缸数的一半。曲拐的相对位置取决于汽缸数、汽缸排列形式和发动机的工作顺序,在四冲程发动机中曲轴转动两圈720°,每个汽缸都完成进气、压缩、做功、排气一个工作循环,曲轴每转动 180°完成一个行程。四冲程直列四缸发动机曲轴曲拐的布置如图 3-23 所示,汽缸从前到后的编号为:1 号缸、2 号缸、3 号缸、4 号缸,点火顺序是 1—3—4—2 或 1—2—4—3。

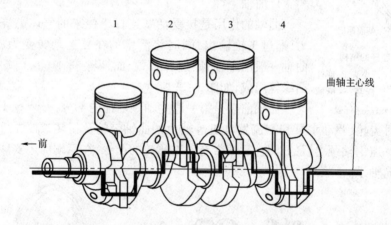

图 3-23　四冲程直列四缸发动机曲轴曲拐的布置

2. 飞轮

飞轮是一个转动惯量很大的圆盘,如图 3-24 所示。其主要作用是储存做功行程的部分能量,以克服辅助行程的阻力,使发动机转速均匀和提高短时超载的能力。同时,飞轮还有将曲轴的动力传递给离合器的作用。

为了使飞轮旋转时的转动惯量要大,而自身的质量要轻,呈中心部分的壁薄、外圆部分壁厚的铸铁或钢制成的圆盘状,如图 3-24 所示,其外缘上镶有齿圈,用于发动机起动时与起动机的小齿轮啮合,把起动机的旋转力传递给飞轮,飞轮的后端用于安装离合器。有些厂家在飞轮上还刻有第 1 缸上止点标记。

3. 扭转减振器

扭转减振器如图 3-25 所示,安装在曲轴的前端,用于吸收、衰减曲轴产生的扭转振动。

图 3-24　飞轮的构造

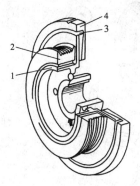

图 3-25　扭振减振器
1-橡胶环;2-风扇 V 带轮;3-橡胶环;4-曲轴 V 带轮

由于受到燃烧压力产生的力和零件运动的惯性力周期性变化,曲轴会发生扭转振动。如果扭转振动的频率与曲轴的固有振动频率接近时就容易引起共振,使扭转振动加剧,乘车舒适度下降,甚至造成曲轴和正时齿轮损坏,因此一般发动机都装有扭转减振器。

4. 连杆大头轴承和曲轴主轴承

连杆大头轴承和曲轴主轴承通过连杆盖和曲轴主轴承盖安装在连杆大头与连杆轴颈间和曲轴主轴颈和曲轴支撑间,这些轴承通常采用滑动轴承(平面轴承)。

一般连杆大头轴承和曲轴主轴承都是精密加工镶入式平面轴承,以软钢为背,内衬以轴承合金。

曲轴主轴承上有使机油流向连杆轴颈的油孔和环形油槽,有些连杆大头轴承上设有通向连杆的机油喷射孔的油孔。在分开嵌入式上下轴瓦上还设置有定位唇,用于承轴周向定位,如图 3-26 和图 3-27 所示。

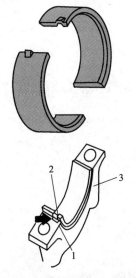

图 3-26　连杆大头轴承
1-凹槽;2-定位唇;3-连杆盖

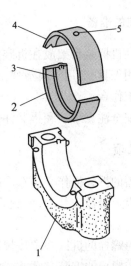

图 3-27　曲轴主轴承
1-主轴承盖;2-下轴瓦;3-环形油槽;4-上轴瓦;5-油孔

为防止曲轴轴向窜动,其中一道曲轴主轴承的两侧装有止推片或翻边主轴承进行轴向定位,如图3-28所示。

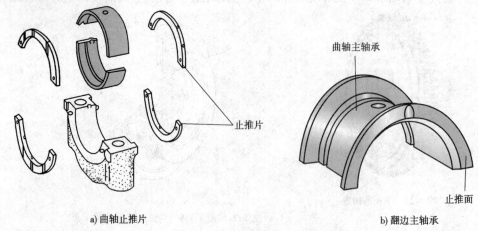

a) 曲轴止推片　　　　　　　　　　b) 翻边主轴承

图3-28　曲轴轴向定位片

课题二　发动机汽缸衬垫和汽缸盖的拆装

一、工具、设备和材料准备

(1) AYJ 发动机一台(带拆装台架)。
(2) 常用工具一套,工具车一辆。
(3) 工作台一个、零件摆放架一个。
(4) 专用工具一套。
(5) 刀口尺、塞尺各一把。

二、作业前的准备

(1) 将发动机拆装台架放在拆装室中间。
(2) 将常用工具、专用工具放在工具车上,工具车放在拆装过程易于取用的位置。
(3) 清洁工作台。
(4) 讲解安全注意事项和拆装注意事项。

三、注意事项

(1) 汽缸盖的拆装操作必须在冷态下进行。
(2) 正时齿形带没安装前,不允许活塞处在上止点位置时转动凸轮轴,以防顶坏活塞和气门。
(3) 汽缸盖螺栓的拆卸必须按规定的顺序进行。
(4) 汽缸盖螺栓的安装必须按规定的顺序和一定的力矩分次拧紧。
(5) 安装正时齿形带时,必须将正时标记对齐。

(6)拔导线连接器时应该在可靠地使锁销脱离啮合后,再分开连接器。不能直接拉扯线束断开连接器,以防扯断导线,如图3-29所示。

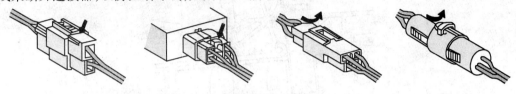

图3-29 导线连接器的拆拔

四、操作步骤

(一)汽缸盖和汽缸衬垫的拆解

桑塔纳3000轿车AYJ发动机汽缸盖的零件图,如图3-30所示。

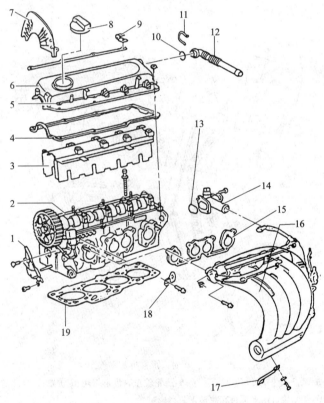

图3-30 汽缸盖分解零件图

1-后护罩;2-汽缸盖;3-机油反射罩;4-汽缸盖罩密封垫;5-压条;6-汽缸盖罩;7-护罩;8-加机油口盖;9-支架;10-密封圈;11-夹箍;12-曲轴箱通风管;13-密封圈;14-凸缘;15-进气歧管衬垫;16-进气歧管;17-进气歧管支架;18-吊耳;19-汽缸衬垫

1. 拆下发动机附件

(1)松开进气歧管支架的下紧固螺栓,如图3-31所示。

(2)拆下进气歧管和汽缸盖之间的连接螺栓(上下各4个)。

(3)取下进气歧管,用干净抹布封闭所有进气管道的进气通道,以防杂物掉入。

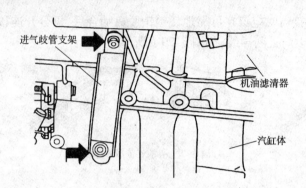

图3-31 松开进气歧管支架的下紧固螺栓

2. 拆下正时齿形带

正时齿形带拆卸零件图如图3-32所示。

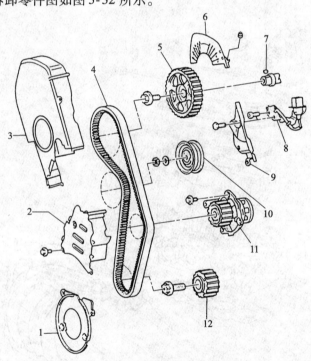

图3-32 正时齿形带拆卸零件图

1-下护罩;2-中间护罩;3-上护罩;4-正时齿形带;5-凸轮轴正时齿形带轮;6-护罩;7-半圆键;8-凸轮轴位置传感器;9-后护罩;10-张紧轮;11-水泵;12-曲轴正时齿形带轮

(1)拆下正时齿形带上护罩。

(2)转动曲轴,将曲轴带轮的标记与正时齿形带下护罩上的标记对齐,如图3-33所示、凸轮轴正时齿形带的标记对准正时齿形带护罩上的标记(第1缸上止点位置),如图3-34所示。

(3)松开张紧轮,并将正时齿形带从凸轮轴正时齿形带轮上取下。

(4)将曲轴反方向旋转一个角度,使活塞偏离上止点位置。

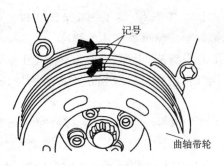
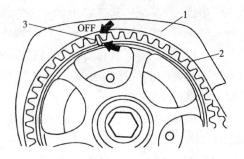

图 3-33　曲轴上止点标记

图 3-34　凸轮轴正时齿形带轮上止点标记
1-后上护罩；2-凸轮轴正时齿形带轮；3-记号

3. 拆下汽缸盖

汽缸盖拆卸零件图如图 3-35 所示。

（1）旋下加机油口盖，并放在一边。

（2）拆下正时齿形带护罩。

（3）旋下汽缸盖罩的螺母。取下压条、支架和汽缸盖罩。

（4）取下汽缸盖罩密封垫。

（5）取下机油反射罩。

（6）拆下正时齿形带后护罩。

（7）按照如图 3-36 所示①至⑩的顺序分两次松开汽缸盖螺栓。

（8）取出缸盖螺栓，取下汽缸盖。

（9）取下汽缸衬垫。

（二）基本检查

（1）清理燃烧室和进、排气道内的积炭。

（2）检查缸盖平面。用刀口尺和塞尺，检测汽缸盖和汽缸体接合平面的平面度，如图 3-37 所示，并做好记录。汽缸盖的平面度最大不得超过 0.1mm。

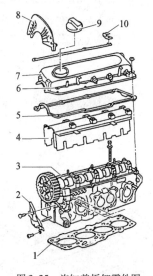

图 3-35　汽缸盖拆卸零件图
1-汽缸衬垫；2-后护罩；3-汽缸盖；4-机油反射罩；5-汽缸盖罩密封垫；6-压条；7-汽缸盖罩；8-护罩；9-加机油口盖；10-支架

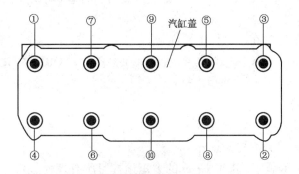

图 3-36　汽缸盖螺栓松开顺序

◇小提示：发动机在工作中出现过热或拆装过程方法不当，都会造成平面翘曲。汽缸体和汽缸盖接触面不平，会造成工作时漏气和发动机冷却液温度过高的故障。

（3）检查螺纹孔。汽缸体上的汽缸盖螺栓孔是否清洁、干净，在汽缸体、汽缸盖螺栓盲孔中不允许有油或冷却液，以防止拧紧螺栓时损坏汽缸体。螺纹损伤不多于两牙，根据需要用丝锥清洁螺纹。

◇小提示：汽缸体、汽缸盖螺栓盲孔中有油或冷却液等异物，在拧紧螺栓时容易损坏汽缸体。

（4）清洁汽缸。用干净的抹布清洁汽缸，使得汽缸内表面和活塞之间没有污垢和残留砂屑，避免污物和研磨残余物进入冷却液。

（5）清洁、检查汽缸盖和汽缸体的密封面。小心地清洁汽缸盖和汽缸体的密封面。检查表面应无沟槽或刮痕（使用砂纸时，粒度不允许小于100）。

（三）汽缸盖和汽缸衬垫的安装

1. 安装汽缸盖

（1）安装前从包装中直接取出新的汽缸衬垫。安装汽缸衬垫时须小心，损坏将会导致泄漏。

（2）用抹布小心清洁汽缸衬垫、汽缸盖和汽缸体接触表面，如图3-38所示。

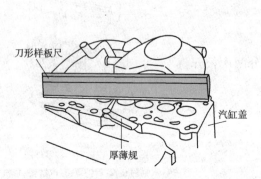

图3-37 检测汽缸盖和汽缸体接合平面

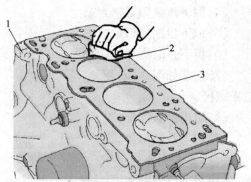

图3-38 清洁接触表面
1-汽缸体；2-抹布；3-汽缸衬垫

（3）检查汽缸盖螺栓孔，不能有油或赃物。

（4）转动曲轴，使第1缸活塞处于上止点位置，再将曲轴略微反向旋转，使第1缸活塞偏离上止点。

（5）将汽缸衬垫轻放在汽缸体上平面上。

◇小提示：在安装时必须注意其安装方向。有标记（"OBEN"，德文"顶部"；"TOP"，英文"顶部"或配件号）的一面朝向汽缸盖。

（6）装上汽缸盖。

（7）装入汽缸盖螺栓并略微拧紧。

（8）按如下方法拧紧汽缸盖螺栓：

①按图3-39所示顺序，用40N·m的力矩预拧紧所有螺栓。

②用固定扳手按同样顺序将所有的螺栓继续转动1/4圈（90°）。

③按同样顺序将所有螺栓继续转动1/4圈(90°)。

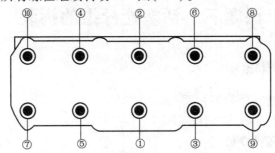

图3-39 汽缸盖螺栓拧紧顺序

常见车型汽缸盖螺栓拧紧力矩见表3-1。

汽缸盖螺栓拧紧力矩 表3-1

发动机型号	第一次拧紧力矩(N·m)	第二次拧紧力矩	第三次拧紧力矩	转动
桑塔纳BKT发动机	40	1/4圈(90°)	1/4圈(90°)	
丰田1ZR-FE发动机	45	1/4圈(90°)	1/8圈(45°)	
凯越F16D3	45	70°	70°	50°

(9)对铸铁汽缸盖,必须在发动机热态时将汽缸盖螺栓按规定力矩再复紧一次。

◇小提示:安装汽缸盖时必须在冷态下进行,并确保所有表面与汽缸盖螺栓都已清洁。

2.安装正时齿形带

(1)按图3-40所示使凸轮轴正时齿轮上的标记与正时齿形带护罩上的标记对齐。

(2)将曲轴转至第1缸上止点位置。

(3)将正时齿形带安装到张紧轮和凸轮轴正时齿形带轮上。

(4)张紧正时齿形带。用专用工具将张紧轮(偏心轮)向逆时针转到底,如图3-40所示箭头方向。

(5)用20N·m的力矩拧紧张紧轮固定螺母。

(6)转动曲轴两圈,使第1缸再次回到上止点位置,检查标记和正时齿形带的张紧情况。

(7)安装正时齿形带上护罩。

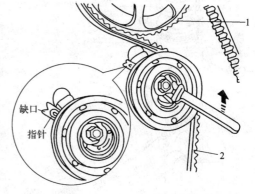

图3-40 正时齿形带的安装
1-凸轮轴正时齿形带轮;2-正时齿形带

3.安装发动机附件

(1)安装进气管和排气管。

(2)安装冷却水管和真空管。

(3)安装各传感器的导线插头。

(4)安装发动机罩。

课题三 活塞连杆组的拆装

一、工具、设备和材料准备

(1)AYJ 发动机一台(带拆装台架)。

(2)常用工具一套,工具车一辆。

(3)工作台一个、零件摆放架一个。

(4)专用工具一套。

(5)量缸表、千分尺、塞尺各一把。

二、作业前的准备

(1)将发动机拆装台架放在拆装室中间。

(2)将常用工具、专用工具放在工具车上,工具车放在拆装过程易于取用的位置。

(3)清洁工作台。

(4)讲解安全注意事项和拆装注意事项。

三、注意事项

(1)拆卸、安装活塞时一定要注意各缸标记,若无标记必须做标记。

(2)活塞、连杆都有规定的朝向,安装时朝前标记不能错。

(3)安装活塞销时要用专用工具或加热到60℃进行。

(4)活塞销挡圈开口要与活塞销孔上的缺口错开。

(5)3 道环的开口要错开 120°。

(6)活塞环选配应符合原厂型号,要与活塞尺寸相符合。

(7)连杆盖与连杆大头轴承是配对零件,安装时应按原位配对安装,更换时也应一起更换。

(8)所有工作中需要润滑的零件(如连杆轴颈、活塞与汽缸表面、活塞环及活塞销等)表面,安装时都应涂上机油加以润滑。

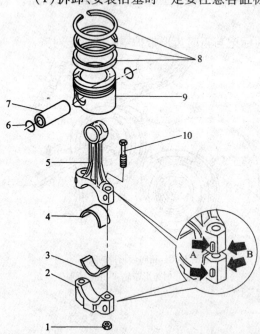

图 3-41 桑塔纳 3000 轿车 AYJ 发动机活塞连杆组零件图
1-连杆螺母;2-连杆盖;3-下轴瓦;4-上轴瓦;5-连杆;
6-活塞销卡环;7-活塞销;8-活塞环;9-活塞;10-连杆螺栓

四、操作步骤

(一)活塞连杆组的拆卸

桑塔纳 3000 轿车 AYJ 发动机活塞连杆组零件图,如图 3-41 所示。

1. 拆下汽缸盖和汽缸衬垫

拆下汽缸盖和汽缸衬垫的拆卸见项目三的课题二。

2. 拆卸油底壳及机油泵

油底壳及机油泵零件图如图 3-42 所示。

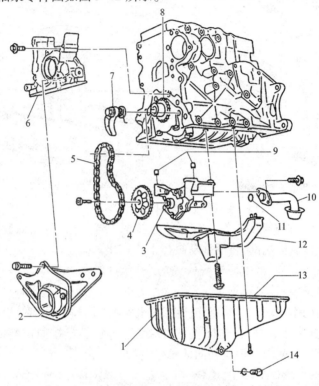

图 3-42　油底壳及机油泵零件图

1-油底壳；2-扭力臂；3-机油泵；4-机油泵传动链轮；5-机油泵传动链；6-曲轴前油封凸缘；7-链条张紧器；8-曲轴链轮；9-定位销；10-集滤器；11-O 形密封圈；12-挡油板；13-油底壳密封垫；14-放油螺塞

（1）将机油收集器置于油底壳下方，拆下油底壳上的放油螺塞，将机油放入收集器。

◇小提示：废机油中包含有有机化合物和金属污染物，处理不当将会造成土壤、水的污染。收集后，可以进行净化处理后再循环使用，或用于工业燃料，变废为宝。但收集时不能与防冻液、汽油等混合。

（2）转动发动机拆装翻转架手柄，转动发动机，使发动机底部朝上。

（3）交替对角拧松油底壳螺栓，拆下油底壳螺栓，取下油底壳。必要时可用橡胶锤轻轻敲击，振松油底壳。

◇小提示：在车上拆卸油底壳时，应先拆下副梁和发动机橡胶支撑。

（4）拧下机油泵固定螺栓，如图 3-43 所示，拆下链轮和机油泵总成。

（5）松开机油泵链条张紧轮，取下机油泵传动链。

（6）拆下挡油板，拆下机油泵和吸油管、集滤器。

3. 拆卸活塞连杆组件

（1）转动发动机拆装翻转架手柄，转动发动机，使发动机平卧。

(2)转动曲轴将1~4缸活塞转到下止点位置。

(3)检查汽缸口,如磨损较大或积炭过多,形成台阶,应用缸口铰刀将缸口的凸起切掉,如图3-44所示,以免拆卸活塞时折断活塞环或划伤表面。

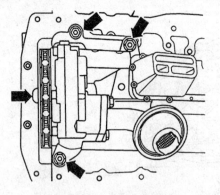

图3-43 拧下机油泵固定螺栓　　　　图3-44 缸口铰刀将缸口的凸起切掉

(4)用扭力扳手分两次拧松连杆螺母,取下连杆螺母。

(5)取下连杆盖,并按顺序放好。如不能直接取下连杆盖,可用橡胶锤或木锤左右敲击连杆盖侧面或连杆螺栓端部,将活塞从缸体上方取出。

◇小提示:当从缸内取出活塞连杆时,可用一段橡胶软管套在连杆螺栓上,以保护连杆螺栓的螺纹和曲轴轴颈。

(6)用橡胶锤或手锤木柄推出活塞连杆组(应事先刮去汽缸上的台阶,以免损坏活塞环)。

(7)取出活塞连杆组后,应将连杆盖、连杆螺栓、连杆螺母按原位装回,并注意连杆的朝向标记和缸位标记。朝向标记应朝向曲轴带轮端。

◇小提示:拆下时应检查活塞、连杆、连杆盖上的缸位标记和朝向标记,如无则需做上缸位标记,以防装复时错位。

(8)用同样方法拆下2、3缸活塞连杆组件。

4.分解活塞连杆组

(1)用活塞环拆装钳拆下活塞环,如图3-45所示,观察活塞环上的标记,"TOP"朝向活塞顶。

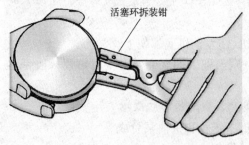

(2)用卡环钳从活塞销孔两端取下活塞销卡环。

(3)用专用冲头拆下活塞销,使活塞和连杆分离。

(4)拆下连杆大头的螺栓和螺母,取下连杆盖和连杆大头轴承,并将连杆盖、轴承分缸放好,不能混错。

图3-45 用活塞环拆装钳拆下活塞环

(二)活塞连杆组的检查

1.清洁

(1)用铲刀铲去汽缸体和油底壳之间的密封衬垫,小心不要损坏油底壳凸缘。

(2)清洁汽缸壁、汽缸体和机油泵间的密封面。

(3)清洁活塞顶部、活塞环槽和活塞头部积炭。
(4)清洁活塞环、活塞销、连杆和轴承。

2.活塞销磨损及配合间隙的检查

检查活塞销的磨损情况和活塞销与连杆小头的配合间隙。活塞销与连杆间应转动自如,无明显的间隙。

3.活塞环开口间隙的检查

(1)用活塞将活塞环推入汽缸内,如图3-46所示。如果小修或维护更换活塞环时,须将活塞环推到稍超过活塞环行程,距汽缸下止点15～20mm处。

(2)用塞尺测量活塞环开口间隙,如图3-47所示。

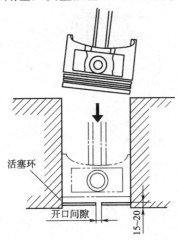

图3-46 用活塞将活塞环推手汽缸内用

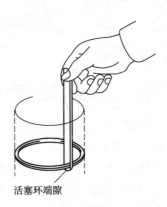

图3-47 塞尺测量活塞环开口间隙

◆小提示:车辆小修和维护更换活塞环时,汽缸未经镗削,缸径上大、下小,如果在汽缸上部测量环的开口间隙合适,当其运行到汽缸缸径较小的下部时,间隙变小或无间隙,会使活塞环折断,引起拉缸事故。

桑塔纳3000轿车AYJ发动机活塞环开口间隙规定值见表3-2。

桑塔纳3000轿车AYJ发动机活塞环开口间隙规定值　　　表3-2

活塞环	开口间隙(mm)	磨损极限(mm)
第一道气环	0.20～0.40	0.8
第二道气环	0.20～0.40	0.8
油环	0.25～0.50	0.8

4.活塞环侧隙的检查

(1)清洁活塞环及活塞环槽。

(2)将活塞环放在环槽内,用塞尺测量活塞环侧隙,如图3-48所示。

◆小提示:侧隙过大影响活塞环密封,过小会使其卡死在环槽内。测量时若侧隙过小,可将活塞环放在平板的细砂布上研磨,或用平板玻璃涂以磨料和机油,将活塞环平放研磨。

桑塔纳3000轿车AYJ发动机活塞环的侧隙规定值见表3-3。

桑塔纳3000轿车活塞环的侧隙规定值　　　　　表3-3

活 塞 环	侧隙(mm)	磨损极限(mm)
第一道气环	0.06~0.09	0.20
第二道气环	0.06~0.09	0.20
油环	0.03~0.06	0.15

5. 检查活塞间隙

1) 活塞直径测量

清洁活塞,在活塞裙部距下边缘10mm处与活塞销垂直方向测量,如图3-49所示。与标准尺寸的偏差最大为0.04mm。

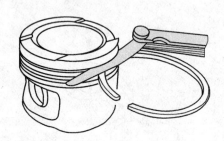
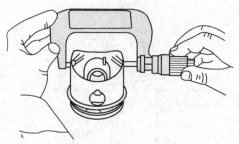

图3-48　检查活塞环侧隙　　　　　图3-49　测量活塞直径

2) 汽缸内径测量

清洁汽缸,使用50~100mm的量缸表,在三个位置上进行横向A和纵向B垂直测量,如图3-50所示,与标准尺寸的最大偏差为0.08mm。

桑塔纳3000轿车AYJ发动机活塞与汽缸的标准尺寸见表3-4。

活塞与汽缸的标准尺寸　　　　　表3-4

类　型	活　塞	汽　缸
标准尺寸(mm)	80.965	81.01
修复尺寸(mm)	81.465	81.51

6. 连杆径向间隙测量

(1) 清洁轴颈和轴承。

(2) 将活塞连杆组装入汽缸(可以先不安装活塞环)。

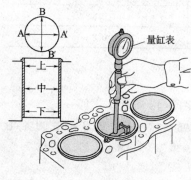

图3-50　测量汽缸直径

(3) 截取相应长度的塑料间隙规,将间隙规放在曲轴连杆轴颈上。

(4) 套上连杆盖,装上连杆螺母,并用扭力扳手以30N·m的力矩拧紧。切勿转动曲轴。

(5) 拆下连杆盖,用塑料间隙规封套上的刻度来测量塑料间隙规最宽部位的宽度,如图3-51所示。

(6) 检测连杆的径向间隙,径向间隙应为0.01~0.05mm,极限间隙为0.12mm。

(7) 拆下活塞连杆组并清洁连杆轴颈和连杆大头轴承。

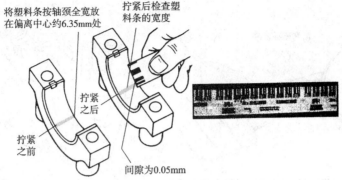

图3-51 检测连杆的径向间隙

(三)活塞连杆组安装

(1)活塞连杆组件的装合。

①用卡环钳将其中一只活塞销卡环装到活塞销孔的一端。

②将活塞加热到80~90℃。

③将活塞与连杆的朝前标记对齐,并使活塞与连杆的活塞销孔对齐,用拇指将活塞销推入活塞。

◇小提示:活塞上的朝前标记与连杆上的朝前标记应在同一侧。

④用卡环钳装上另一活塞销卡环。

◇小提示:活塞销两端面与活塞销卡簧之间有一定的间隙,卡簧应卡入2/3环槽深度以上。

⑤用活塞环拆装钳将活塞环装入相应的活塞环槽内,如图3-52所示。

◇小提示:①活塞环的装配标记"TOP",必须朝上。

②活塞环是容易脆断的零件,安装时一定要使用专用工具,以防折断。

(2)活塞连杆组装入汽缸。

①转动拆装台支架,使缸体平卧。

②清洁曲轴轴颈和连杆轴颈。

③彻底清洗活塞连杆组各零件,并用压缩空气吹干净。

④清洁各汽缸壁,并涂上机油。

⑤在活塞环上涂以机油,再将各道活塞环开口方向错开120°,第一道环开口方向远离主受力面并与活塞销中心线错开45°。

⑥再分别在活塞裙部、活塞销和连杆大头轴承表面涂以机油。

⑦转动曲轴使1、4缸连杆轴颈处于下方位置,再将1、4缸的活塞连杆组件装入汽缸。

◇小提示:活塞裙部箭头和连杆的朝前标记必须朝向发动机齿形带端。

⑧用活塞环抱箍缩紧活塞环后,将活塞连杆总成放入汽缸,再用锤柄或木棒将活塞连杆组件轻轻打入汽缸中,如图3-53所示。当连杆大头接近曲轴轴颈时,要用手托住连杆大头,并继续敲击活塞顶部,使之装配到位。

◇小提示:①将活塞连杆装入汽缸时,可用一段橡胶软管套在连杆螺栓上,以保护连杆螺栓的螺纹和曲轴轴颈。待安装到位后再将橡胶软管取下。

②在将活塞装入汽缸时,应保证活塞环和汽缸壁得到充分的润滑,否则发动机安装后可能会造成因密封不良而不能起动。

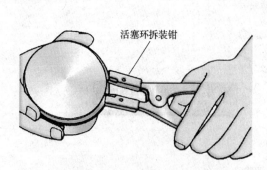

图 3-52 用活塞环拆装钳装上活塞环

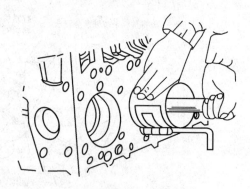

图 3-53 活塞连杆组装入汽缸

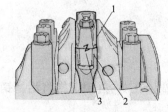

图 3-54 连杆和连杆盖上的组合标记
1-连杆盖；2-连杆；3-组合标记

⑨先润滑螺纹和接触表面，然后装上连杆盖。连杆和连杆盖上的组合标记要对齐，如图 3-54 所示。

⑩装上连杆螺母，用扭力扳手将连杆螺母拧紧到 30N·m，检查测量连杆的轴向间隙，如图 3-55 所示。轴向间隙应为 0.10～0.35mm，极限间隙为 0.40mm。

⑪用标记笔在连杆螺母上做好标记，再用扳手将螺母拧紧 90°。

⑫转动曲轴两圈，检查应无卡滞现象。

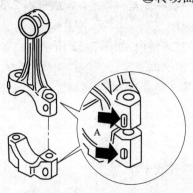
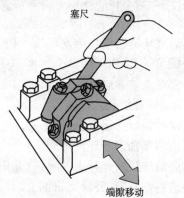

图 3-55 检查测量连杆的轴向间隙

◇小提示：①各缸连杆大头轴承和连杆盖不能混装，应按拆卸时做的标记装回原位。

②连杆盖上的标记应朝向发动机齿形带端。

③每装好一组活塞连杆，都应转动曲轴几圈，检查有无不正常情况。转动中应无卡滞和过重现象，否则应查明原因，予以排除。

⑬以同样的方法和要求将其余各缸活塞连杆组件装入相应汽缸。

（3）装上机油泵。

①装上机油泵齿链和机油泵，拧上紧固螺栓将油泵固定。

②装上机油泵链条张紧器，调整好张紧力后，拧紧张紧器固定螺栓。

③转动曲轴，检查机油泵链条张紧力。

（4）装上油底壳。

①装上曲轴箱防溅挡板,并用固定螺栓固定。
②清洁缸体与油底壳的接触面,并在接触面上均匀地涂上密封胶。
③装上油底壳,按规定顺序和力矩拧紧油底壳固定螺栓。
④转动发动机翻转架,使发动机上部朝上。
(5)安装汽缸盖总成。
(6)装上凸轮轴。
(7)装上曲轴正时齿形带。

课题四　曲轴飞轮组的拆装

一、工具、设备和材料准备

(1) AYJ发动机一台(带拆装台架)。
(2)常用工具一套,工具车一辆。
(3)工作台一个、零件摆放架一个。
(4)专用工具一套。

二、作业前的准备

(1)将发动机拆装台架放在拆装室中间。
(2)将常用工具、专用工具放在工具车上,工具车放在拆装过程易于取用的位置。
(3)清洁工作台。
(4)讲解安全注意事项和拆装注意事项。

三、注意事项

(1)拆卸曲轴轴承盖时,应按规定的顺序进行拆装。
(2)安装曲轴轴承盖时,应按规定的顺序和拧紧力矩拧紧。
(3)曲轴轴承盖拆卸前应检查上面的位置序号,如没有应做好标记,确保安装时能装回原来位置。
(4)曲轴轴承盖有规定安装方向,安装时朝前标记必须朝向曲轴前端。
(5)曲轴拆下后应水平放置。
(6)曲轴止推片有油槽的一面必须朝轴承盖外侧安装。
(7)安装时确保零件的清洁。
(8)所有工作中需要润滑的零件(如曲轴主轴承、止推片等)表面,安装时都应涂上机油加以润滑。
(9)所有主轴承座安装时都应装回原位。

四、操作步骤

桑塔纳3000轿车AYJ发动机曲轴飞轮组零件图如图3-56所示。
(一)曲轴飞轮组的拆解
(1)拆下汽缸盖和汽缸衬垫(见项目三的课题二)。

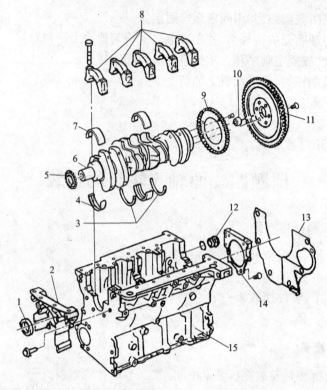

图 3-56 桑塔纳 3000 轿车 AYJ 发动机曲轴飞轮组零件图

1-曲轴前油封;2-前油封凸缘;3-曲轴止推片;4-主轴承(上轴瓦);5-机油泵传动链轮;6-曲轴;7-主轴承(下轴瓦);8-主轴承盖;9-转速传感器脉冲轮;10-变速器第一轴轴承;11-飞轮;12-螺塞;13-中间支板;14-曲轴后油封凸缘;15-汽缸体

（2）拆下活塞连杆组（见项目三的课题三）。

（3）拆飞轮及后油封凸缘。发动机曲轴后油封凸缘及飞轮零件如图 3-57 所示。

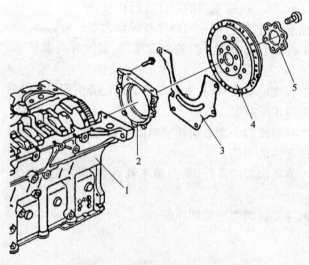

图 3-57 曲轴后油封凸缘零件图

1-缸体;2-后油封凸缘;3-中间支板;4-飞轮;5-垫圈

①拆下离合器固定螺钉,取下离合器总成和从动片。

②用专用工具固定飞轮,拧松飞轮固定螺栓,拆下飞轮,如图3-58所示。
③拆下中间支板。

◇小提示:不要弯曲,以免损坏。

④用专用拉器拆下变速器第一轴轴承,如图3-59所示。

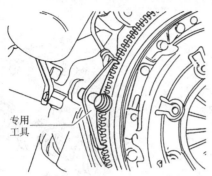
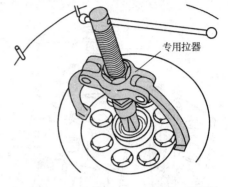

图3-58 用专用工具固定飞轮　　图3-59 用专用拉器拆下变速器第一轴轴承

⑤拆下后油封凸缘固定螺栓,取出后油封凸缘。
⑥用专用压具从后凸缘上拆下油封。

(4)拆水泵及曲轴前油封凸缘。曲轴前油封凸缘零件图如图3-60所示。
①拆下水泵固定螺栓,取下水泵,如图3-61所示。

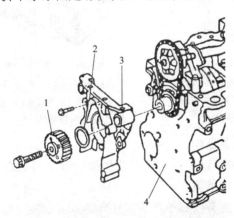
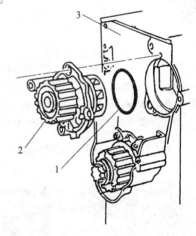

图3-60 曲轴前油封凸缘零件图　　图3-61 拆下水泵
1-曲轴正时齿形带轮;2-前油封;3-前封凸缘;4-汽缸体　　1-O形密封圈;2-水泵;3-汽缸体

②用专用工具固定曲轴,松开曲轴正时齿形带轮紧固螺栓。
③用专用工具拆下曲轴正时齿形带轮。
④旋下曲轴前油封凸缘固定螺栓,橇下曲轴前油封凸缘。
⑤用专用压具从凸缘上拆下油封。
⑥拆下链条张紧器、取下机油泵传动链条,拆下机油泵。
⑦如图3-62所示,用拉器从曲轴上拆下机油泵传动链轮。

(5)拆机油滤清器及滤清器座。机油滤清器分解图如图3-63所示。

图3-62 从曲轴上拆下机油泵传动链轮

①机油压力开关。
②用专用工具拆下机油滤芯。
③拆下机油滤清器座,取下密封衬垫。
(6)拆曲轴。曲轴分解零件图如图3-64所示。

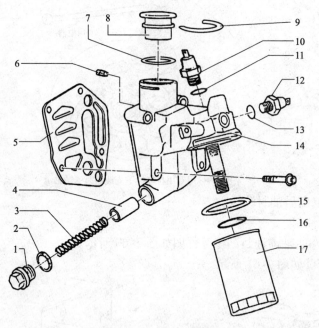

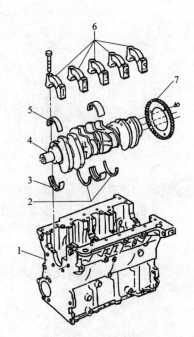

图3-63 机油滤清器分解图
1-螺塞;2-密封圈;3-弹簧;4-活塞;5-密封衬垫;6-旁通阀;7-密封圈;8-盖;9-卡环;10-螺塞;11-密封圈;12-机油压力开关;13-密封圈;14-机油滤清器支架;15-密封圈;16-密封圈;17-密封圈

图3-64 曲轴零件分解图
1-汽缸体;2-曲轴止推片;3-上轴瓦;4-曲轴;5-下轴瓦;6-主轴承盖;7-转速传感器脉冲轮

①按图3-65的顺序均匀地松开主轴承盖螺栓。

②拆下曲轴主轴承盖。视需要用橡胶锤左右敲击主轴承盖,松动后取出轴承盖。

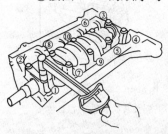

◇小提示:拆卸过程中不要损坏轴承盖与缸体的接触面。拆下的下轴瓦和轴承盖应成组摆放,安装时应按原位装回。

③抬下曲轴。

④取下缸体轴承座上的五道上轴瓦,按正确的顺序摆放好主轴承。

图3-65 松开并拆下曲轴主轴承盖

⑤从第三道曲轴座上取下两个止推片。

◇小提示:在主轴承上做好安装位置标记,安装时应按原位装回。

⑥拆下转速传感器脉冲轮固定螺栓,从曲轴上取下转速传感器脉冲轮。

(二)曲轴飞轮组的检查

1.曲轴的尺寸

用千分尺测量主轴颈和连杆轴颈的尺寸,应符合表3-5的要求。

项目三 曲柄连杆机构的结构与拆装

桑塔纳3000轿车AYJ发动机主轴颈和连杆轴颈的尺寸　　　　　表3-5

尺　寸	主轴颈	连杆轴颈
标准(mm)	$54\,_{-0.042}^{-0.022}$	$47.8\,_{-0.042}^{-0.022}$
一级(mm)	$53.75\,_{-0.042}^{-0.022}$	$47.55\,_{-0.042}^{-0.022}$
二级(mm)	$53.5\,_{-0.042}^{-0.022}$	$47.3\,_{-0.042}^{-0.022}$
三级(mm)	$53.25\,_{-0.042}^{-0.022}$	$47.05\,_{-0.042}^{-0.022}$

2. 检查主轴颈径向间隙

检查主轴颈径向间隙,如图3-66所示,径向间隙应为0.01~0.05mm,极限间隙为0.12mm。

(1)清洁轴颈和轴承。

(2)截取相应长度的塑料间隙规,将塑料间隙规放在曲轴连杆轴颈上。

(3)把轴承盖放在曲轴轴颈上并以规定的力矩将其紧固。切勿转动曲轴。

(4)拆下轴承盖并使用塑料间隙规封套上的刻度来测量塑料间隙规的宽度,测量塑料间隙规最宽部位的宽度。

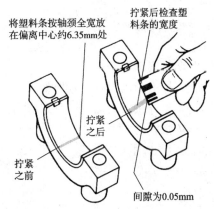

图3-66　检查主轴颈径向间隙

(三)曲轴飞轮组的装复

(1)装上曲轴。

①将转速传感器脉冲轮用螺栓固定在曲轴上,并用规定力矩将螺栓拧紧。

②将主轴承的上轴瓦按拆下时的位置标记分别装入各轴承座孔中。

◇**小提示**:主轴承的凸起部分与缸体主轴承承孔的凹槽对齐。

③在轴承的工作表面涂以润滑油。

④在曲轴各道主轴颈上涂以润滑油,并将曲轴装入缸体。

◇**小提示**:不要碰撞主轴承,以免造成主轴承表面损伤。

⑤将两片曲轴止推片装在第三道主轴承承孔的两侧中。

◇**小提示**:有耐磨合金层的一面相背安装。

⑥将主轴承的下轴瓦装入主轴承盖。

◇**小提示**:主轴承的突起部分与主轴承盖的凹槽对齐,如图3-67所示。

⑦将各道主轴承盖的轴承内表面涂以润滑油,装上各道主轴承盖。用橡胶锤敲击主

轴承盖,使之入位。
◇小提示:主轴承盖上的凸点应朝前。

⑧用扭力扳手,按如图3-68所示的顺序,分别拧紧各道主轴承盖的螺栓。主轴承盖螺栓的拧紧力矩为 $65N·m+90°$。

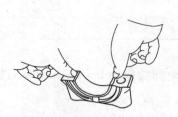
图3-67 将主轴承的下半片装入主轴承盖

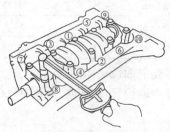
图3-68 主轴承盖螺栓拧紧顺序

⑨转动曲轴两圈,检查曲轴是否安装正确。

◇小提示:每紧一道主轴承盖螺栓,都应转动曲轴几圈,转动中不得有过重现象,否则要查明原因,及时排除。

(2)安装机油泵及曲轴前油封凸缘。

①装上半圆键后,将机油泵传动链轮套在曲轴前端轴颈上,再用专用工具将其压入曲轴,如图3-69所示。

②转动发动机翻转架,使发动机底部朝上。

③装上机油泵齿链和机油泵,拧上紧固螺栓将油泵固定。

④装上机油泵链条张紧器,调整好张紧力后,拧紧张紧器固定螺栓。

⑤转动曲轴,检查机油泵链条张紧力。

⑥用专用工具去除曲轴前油封凸缘的旧密封胶,如图3-70所示。

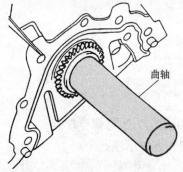
图3-69 安装机油泵传动链轮

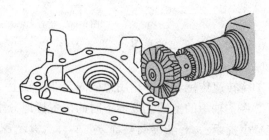
图3-70 用专用工具去除油封凸缘的旧密封胶

⑦用专用工具将曲轴前油封压入前油封凸缘的承孔中,如图3-71所示。

◇小提示:装油封前应在油封外壳涂一层密封胶,油封刃口涂以机油。

⑧清洁曲轴前油封凸缘与缸体的接触面,确保没有油脂。

⑨剪下硅密封胶罐喷管头部,使得喷管直径约为3mm,如图3-72所示。

⑩按照图3-73所示,在凸缘接触面上均匀地涂上厚度不超过3mm的硅密封胶。过多的硅密封胶将可能进入油底壳,堵塞机油油路。

⑪在5min内装上前油封凸缘,拧上固定螺栓,并用规定力矩将螺栓交替拧紧。

项目三 曲柄连杆机构的结构与拆装

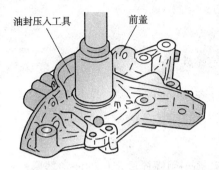
图3-71 用专用工具安装曲轴前油封

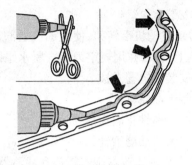
图3-72 剪下硅密封胶罐喷管头部

◇**小提示**：安装前油封凸缘后，密封胶必须干燥约30min，才能加注机油。

⑫装上曲轴正时齿形带轮。

（3）安装后油封凸缘及飞轮。

①用专用工具将后油封装入后油封凸缘的承孔中，如图3-74所示。

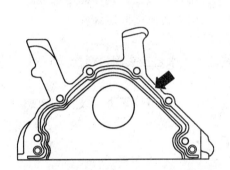
图3-73 在接触面上均匀地涂上硅密封胶

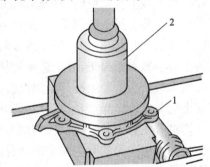
图3-74 用专用工具将后油封装入油封凸缘
1-曲轴后油封凸缘；2-专用工具

②在曲轴后端油封凸缘与缸体的接触面上涂上硅密封胶。

③装上油封凸缘，拧上螺栓将其固定，并用60N·m+90°力矩拧紧。

④用专用工具将轴承装入曲轴后端，如图3-75所示。

⑤检查滚针轴承的安装深度，$a=1.5mm$，如图3-76所示。

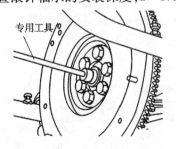
图3-75 用专用工具将轴承装入曲轴后端

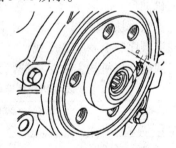
图3-76 滚针轴承安装深度，$a=1.5mm$

（4）安装油底壳。

①装上曲轴箱防溅挡板，并用固定螺栓固定。

②清洁缸体与油底壳的接触面，并在接触面上均匀地涂上密封胶。

③装上油底壳，按规定顺序和力矩拧紧油底壳固定螺栓。

(5)安装水泵。

①转动发动机翻转架,使发动机上部朝下。

②装上水泵,并用规定力矩拧紧水泵固定螺栓。

(6)安装汽缸盖总成。

(7)装上凸轮轴。

(8)装上曲轴正时齿形带。

(9)安装机油滤清器

①装上机油滤清器座密封垫和滤清器座总成,用螺栓固定机油滤清器座。

②用专用工具装上机油滤芯。

③装上机油压力传感器和限压阀。

(10)安装其他附件。

①装上凸轮轴位置传感器,并按规定力矩拧紧凸轮轴位置传感器固定螺栓。

②在缸体上装上发动机转速传感器,并按规定力矩拧紧转速传感器固定螺栓。

③在缸体上装上爆震传感器,并按规定力矩拧紧爆震传感器固定螺栓。

④装上各缸火花塞,并用专用工具按规定力矩拧紧。

⑤装上节温器及密封垫,装上进水管接头,并装上进水管接头固定螺栓。

⑥在出水管接头处装上冷却液温度传感器。

⑦装上进气歧管密封垫和进气歧管,并按规定顺序和力矩拧紧进气歧管固定螺栓。

⑧在燃油分配管上装上燃油压力调节器。

⑨将喷油器按正确的方向装在燃油分配管上。

◇小提示:更换密封圈。

⑩将燃油分配管安装在进气管上,用螺栓固定燃油分配管。

⑪装上排气歧管密封垫和排气歧管,并按规定顺序和力矩拧紧排气歧管固定螺栓。

⑫在排气歧管上方装上隔热板,并固定。

⑬装上发动机前左侧固定支座,并按规定力矩拧紧支座固定螺栓。

⑭装上发电机固定支座。

⑮插上机油尺。

⑯装上点火模块。

⑰按规定顺序装上各缸高压线。

发动机曲柄连杆机构主要螺栓拧紧力矩见表3-6。

发动机曲柄连杆机构主要螺栓拧紧力矩　　　　表3-6

螺栓、螺母	桑塔纳3000轿车AYJ发动机	卡罗拉1ZR—FE发动机
主轴承盖螺栓	65N·m+90°	40N·m+90°
连杆盖螺栓	30N·m+90°	20N·m+90°
离合器与飞轮固定螺栓	20N·m	19N·m
飞轮与曲轴紧固螺栓	60N·m+90°	49N·m
进气歧管与汽缸盖连接螺栓	23N·m	28N·m
曲轴带轮与曲轴	90N·m+90°	190N·m
排气歧管与汽缸盖连接螺栓	25N·m	21N·m

项目四　配气机构的结构与拆装

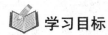学习目标

完成本项目学习后,你应当能:
1. 知道配气机构的作用、组成。
2. 知道配气机构主要零部件的作用与结构。
3. 知道配气相位和可变配气正时机构作用与工作原理。
4. 正确完成正时齿形带的拆装,并掌握拆装的技术要求。
5. 正确完成凸轮轴、气门的拆装,并掌握拆装的技术要求。
6. 掌握查阅技术资料的方法。
7. 具有环保意识和知识,会处理废料。

建议课时:12课时。

课题一　配气机构的结构与工作原理

一、配气机构的作用和组成

1. 配气机构的作用

配气机构的作用是按照发动机的工作循环和点火次序的要求,定时地开闭进、排气门,向汽缸供给可燃混合气(汽油机)或新鲜空气(柴油机),并及时排出废气。

进入汽缸内的可燃混合气越多,则发动机发出的功率越大,可燃混合气或新鲜空气充满汽缸的程度,用充气效率 η_v 来表示。所谓充气效率就是在进气行程中,实际进入汽缸内的可燃混合气或新鲜空气的质量与在大气压力状态下充满汽缸工作容积的可燃混合气或新鲜空气的质量之比,即

$$\eta_v = \frac{M}{M_0} \tag{4-1}$$

式中:M——进气过程中,实际充入汽缸的气体质量;
　　M_0——在大气压力下,充满汽缸工作容积的气体质量。

充气效率越高,表明充入汽缸的新气量越多,燃烧后放出的热量越多,发动机发出的功率就越大。因此,配气机构首先要保证进气充分,进气量尽可能多;同时,废气要排除干净,因为汽缸内残留的废气越多,进气量将会越少。

充气系数总小于1,一般为 0.8~0.9。

2. 配气机构的组成

配气机构如图4-1所示,由气门组和气门传动组组成。

气门组包括气门、气门座、气门导管和气门弹簧等零部件。气门传动组包括凸轮轴、曲轴正时齿轮、凸轮轴正时齿轮、正时齿形带、张紧轮、气门挺柱等零部件。

凸轮轴通过正时齿形带由曲轴驱动。四冲程发动机完成一个工作循环,曲轴旋转两周,各缸进、排气门开闭一次,凸轮轴只需转1周,因此曲轴与凸轮轴的转速比为2:1。

发动机工作时,曲轴通过曲轴正时齿形带轮、正时齿形带、凸轮轴正时齿形带轮带动凸轮轴旋转,当凸轮轴上凸轮的凸起部分顶住气门挺柱时,气门挺柱压缩气门弹簧,使气门开启。当凸轮轴上凸轮的凸起部分离开气门挺柱时,在气门弹簧的作用下,气门关闭。

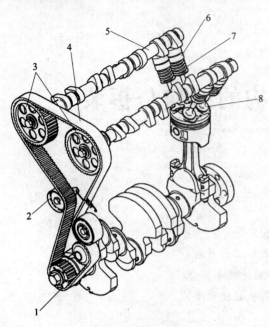

图4-1 配气机构的组成

1-曲轴正时齿形带轮;2-张紧轮;3-凸轮轴正时齿形带轮;4-正时齿形带;5-凸轮轴;6-挺柱;7-气门弹簧;8-气门

二、气门组主要零部件的结构

气门组的作用是实现汽缸的密封。气门组的组成以及各零件间的装配关系如图4-2所示。

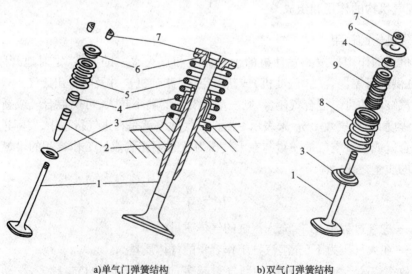

a)单气门弹簧结构　　　　b)双气门弹簧结构

图4-2 气门组的组成

1-气门;2-气门导管;3-下气门弹簧座;4-气门油封;5-气门弹簧;6-上气门弹簧座;7-气门锁夹;8-气门弹簧;9-内气门弹簧

1. 气门

气门主要起到控制进、排气道的开闭作用。

气门是在高温、高压、润滑困难等条件下工作,这就要求气门具有足够的强度、刚度、耐磨、耐高温、耐腐蚀等特性。通常进气门采用合金钢(铬钢或镍铬等)制成,排气门采用耐热合金钢(硅铬钢等)制成。

1) 气门的结构

气门的结构如图4-3所示,主要由头部和杆身两个部分组成。

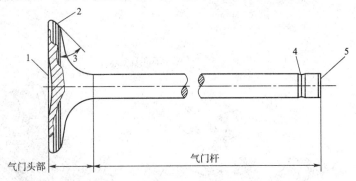

图4-3 气门的结构

1-气门顶面;2-气门锥面;3-气门锥角;4-气门锁夹槽;5-气门尾端面

气门顶面有平顶、凸顶和凹顶等形状,如图4-4所示。目前应用最多的是平顶气门[图4-4a)],其结构简单,制造方便,受热面积小,进、排气门都可采用。

气门头部与气门座圈的接触面是一个圆锥斜面,这个斜面与气门顶部平面之间的夹角称为气门锥角,如图4-5所示,一般为45°,也有30°的。气门头边缘应保持一定厚度,一般为1~3mm,以防工作中冲击损坏和被高温烧蚀。考虑到排气阻力对发动机性能的影响比进气阻力小得多,为减小进气阻力,增加进气量,一般进气门头部直径比排气门大。

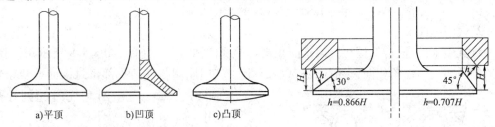

a) 平顶　　b) 凹顶　　c) 凸顶

图4-4 气门顶面的形状　　图4-5 气门锥角

气门杆与气门头部制成一体,装在气门导管内起导向作用,杆身与头部采用圆滑过渡连接。气门杆尾端的形状决定气门弹簧座的固定方式,采用剖分成两半且外表面为锥面的气门锁夹来固定上气门弹簧座,如图4-6所示,结构简单,工作可靠,拆装方便,因此得到了广泛的应用。

2) 每缸气门数

一般发动机每个汽缸有两个气门,即一个进气门和一个排气门。现代汽车发动机为提高充气效率,普遍采用每缸4~5个气门,如图4-7所示,其中以四气门发动机为数最多。四气门发动机每缸两个进气门,两个排气门。

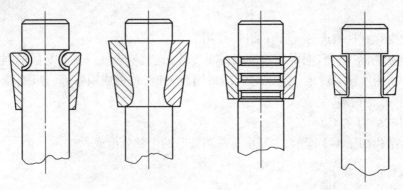

图 4-6 气门弹簧座的固定

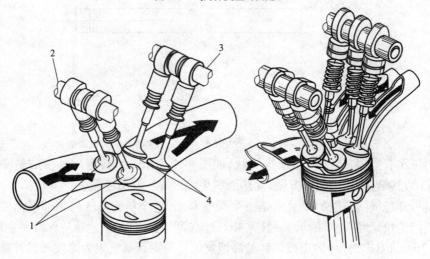

图 4-7 多气门的结构
1-进气门；2-进气凸轮轴；3-排气凸轮轴；4-排气门

2. 气门座圈

汽缸盖上的进、排气道与气门锥面相接合的部位称为气门座圈，如图 4-8 所示，气门座圈的锥角与气门锥角相同，一般也是 30°或 45°。气门座圈与气门头部密封锥面配合密封汽缸，此外，气门座圈对气门起到导热作用。

3. 气门导管

气门导管如图 4-9 所示，是对气门起导向作用，保证气门作直线往复运动，使气门与气门座圈紧密贴合。气门与气门座圈为间隙配合，从而保证气门杆能在气门座圈中自由运动。

4. 气门弹簧

气门弹簧的作用是保证气门关闭时能紧密地与气门座圈贴合，并防止气门在

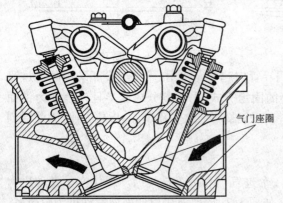

图 4-8 气门座圈

‖项目四 配气机构的结构与拆装‖

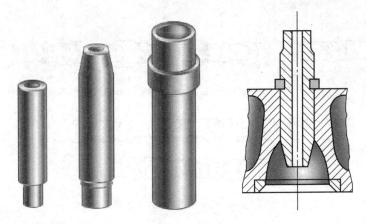

图 4-9 气门导管

发动机振动时因跳动而破坏密封。为保证上述作用的实现,气门弹簧的刚度一般都很大,而且在安装时进行了预紧压缩,气门弹簧一般为等螺距圆柱形螺旋弹簧,如图 4-10 所示。当气门弹簧的工作频率与其固有的振动频率相等或为整数倍时,气门弹簧就会发生共振。共振时将使配气定时遭到破坏,使气门发生反跳和冲击,甚至使弹簧折断。目前大多数发动机采用一个气门装有同心安装的旋向相反的两个弹簧,如图 4-2b)所示,这样不但可以防止共振,而且当一个弹簧折断后,另一个弹簧仍可维持工作。

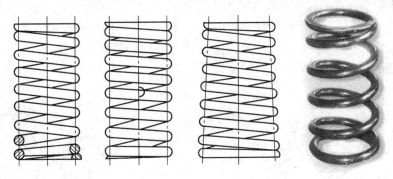

图 4-10 气门弹簧

三、气门传动组主要零部件的结构

气门传动组的作用是按发动机配气相位要求的时间及时开、闭气门,并保证规定的开启时间和开启高度。由于气门驱动形式和凸轮轴位置的不同,气门传动组的零件组成差别很大。

1. 凸轮轴

1)凸轮轴结构

凸轮轴是用来控制各缸气门的开启和关闭,使其符合发动机的工作顺序、配气相位及气门开度的变化规律等要求。凸轮轴的结构如图 4-11 所示,由进、排气凸轮、凸轮轴轴颈等组成。

2)凸轮轴驱动方式

凸轮轴是由发动机曲轴驱动,一般采用链条驱动或正时齿形带驱动,有些汽车还采用

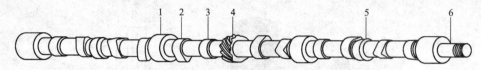

a) 直列六缸发动机凸轮轴（CA6102）

b) 四气门直列四缸发动机双上置式凸轮轴

图 4-11 凸轮轴构造

1-凸轮轴轴颈；2-进气凸轮；3-排气凸轮；4-分电器驱动齿轮；5-偏心轮；6-键槽；7-进气凸轮轴；8-排气凸轮轴；9-油槽

正时齿轮驱动方式。

（1）链条驱动方式。如图 4-12 所示，链条驱动用于顶置式凸轮轴的传动，尤其是顶置式凸轮轴的高速汽油机采用链条驱动的很多。链条一般为滚子链，工作时应保持一定的张紧度，不使其产生振动和噪声。为此在链条传动机构中装有导链板并在链条的松边装有张紧器。丰田卡罗拉轿车发动机即采用此驱动方式。

（2）齿轮驱动方式。齿轮驱动方式用于下置式凸轮轴的传动。汽油机一般只用一对正时齿轮，即曲轴正时齿轮和凸轮轴正时齿轮。柴油机需要同时驱动喷油泵，所以增加一个中间齿轮，如图 4-13 所示。为了保证正确的配气正时和喷油正时，在传动齿轮上刻有正时记号，装配时必须对正记号。

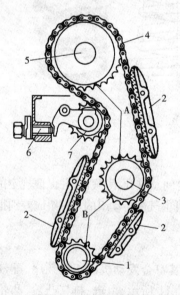

图 4-12 链条驱动机构

1-曲轴定时链轮；2-导链板；3-中间链轮；4-链条；5-凸轮轴定时链轮；6-液压张紧器；7-张紧轮；A、B-正时记号

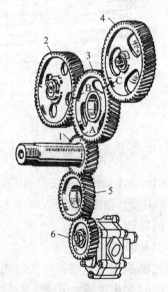

图 4-13 齿轮传动机构

1-曲轴定时齿轮；2-凸轮轴定时齿轮；3、5-中间齿轮；4-油泵定时齿轮；6-机油泵传动齿轮；A、B、C-正时记号

(3)正时齿形带驱动方式。如图4-1所示,齿形带驱动方式用于顶置式凸轮轴的传动。与齿轮和链传动机构相比具有噪声小、质量轻、成本低、工作可靠和不需要润滑等优点。另外,齿形带伸长量小,适合有精确正时要求的传动。因此,被越来越多的汽车发动机特别是轿车发动机所采用。

3)凸轮轴安装位置

(1)下置凸轮轴配气机构,如图4-14a)所示。下置凸轮轴大多数用于转速较低的发动机,其特点是凸轮轴平行布置在曲轴的一侧,由于曲轴和凸轮轴位置靠近,只用一对正时齿轮传动,使得传动系统比较简单,但刚度较低。

(2)顶置凸轮轴配气机构,如图4-14b)所示。顶置凸轮轴的特点是气门和凸轮轴都布置在汽缸盖上,凸轮轴由链条或齿形带驱动直接顶动气门,从而可取消摇臂、摇臂轴、推杆,以提高整个系统的刚度。

顶置凸轮轴配气机构又分为单顶置(SOHC)凸轮轴配气机构,如图4-15所示,与双顶置(DOHC)凸轮轴配气机构,如图4-16所示。

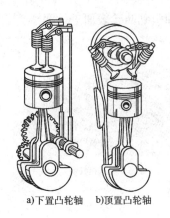

a)下置凸轮轴 b)顶置凸轮轴

图4-14 凸轮轴的安装位置

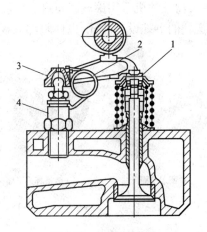

图4-15 单顶置凸轮轴
1-气门间隙调整块;2-弹簧扣;3-摆臂;4-摆臂支座

发动机工作中,气门及其传动件将因温度升高而膨胀。如果气门及其传动件之间,在冷态时无间隙或间隙过小,则在热态下,气门及其传动件因受热膨胀而引起气门关闭不严,导致发动机功率下降。为了消除上述现象,通常在发动机冷态装配时,在气门及其传动机构中留有适当的间隙,以补偿气门受热后的膨胀量。这一预留间隙称为气门间隙,如图4-17所示。

气门间隙的大小一般由发动机制造厂家根据试验确定。一般冷态下,气门间隙为0.20~0.25mm,排气门间隙偏大一点。为了能够检查与调整气门间隙,一般在摇臂(或挺柱)上装有调整螺钉与锁紧螺母。

2.挺柱

挺柱的作用是将凸轮的推力传给推杆或气门,同时还承受凸轮轴旋转所施加的侧向力。气门挺柱根据结构不同可分为普通挺柱和液压挺柱。

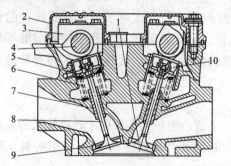
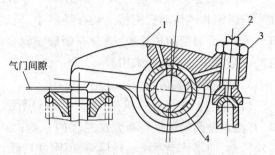

图 4-16 双顶置凸轮轴
1-排气门；2-凸轮轴室盖；3-凸轮轴轴承盖；4-凸轮轴；5-气门锁夹；6-气门弹簧座；7-气门导管；8-进气门；9-气门座圈；10-液压挺柱

图 4-17 气门间隙
1-摇臂；2-调整螺钉；3-锁紧螺母；4-摇臂轴

1）普通挺柱

普通挺柱常见的形式有筒式和滚轮式两种，如图 4-18 所示。大多数发动机采用筒式挺柱，有些大型柴油机采用滚轮式挺柱，滚轮式挺柱可减少摩擦力和侧向力，但结构复杂，质量大。挺柱的下端设有油孔，以便将漏入挺柱内的机油引到凸轮表面进行润滑。

a) 菌形平面挺柱　　b) 吊杯形平面挺柱　　c) 滚轮式挺柱

图 4-18 普通挺柱

2）液压挺柱

轿车发动机普遍采用液压挺柱，液压挺柱的长度能自动调整，所以不需预留气门间隙，也没有气门间隙调整装置。

图 4-19 所示。其工作原理是当凸轮轴转动，凸轮的凸起部分与挺柱顶面接触时，挺柱在凸轮推动力作用下向下移动，高压腔内的机油被压缩，单向球阀在压力差和单向球阀弹簧的作用下关闭，高、低压油腔被分开，由于液体的不可压缩性，整个液压挺柱如同一个刚体下移挺开气门。

当凸轮的凸起部分离开挺柱顶面时，挺柱在气门弹簧作用下渐渐复位，开始高压油腔继续封闭，直到挺柱体上的环形油槽与汽缸盖上的斜油孔对齐，汽缸盖油道中的机油进入挺柱的低压油腔，高压油腔的油压下降，单向球阀打开，低压油腔中的机油流入高压油腔，使两腔连通。此时，液压挺柱的顶面仍然和凸轮表面紧贴，从而起到了补偿气门间隙的作用。

当气门受热膨胀时，通过柱塞与套筒之间的间隙，高压油腔内的机油向低压油腔泄漏一部分，柱塞与套筒产生相对运动，从而使挺柱自动"缩短"，保证气门关闭紧密。这样，采用了液压挺柱可消除气门间隙。

项目四 配气机构的结构与拆装

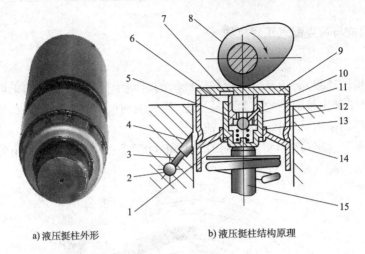

a) 液压挺柱外形　　　　b) 液压挺柱结构原理

图 4-19　液压挺柱

1-高压油腔;2-缸盖油道;3-油量孔;4-斜油孔;5-单向球阀;6-低压油腔;7-键形槽;8-凸轮轴;9-挺柱体;10-柱塞焊缝;11-柱塞;12-套筒;13-弹簧;14-缸盖;15-气门杆

3. 推杆

在下置式凸轮轴的配气机构中设有推杆,如图 4-20 所示,其作用是将挺柱传来的作用力传给摇臂。安装在挺柱和摇臂之间。

4. 摇臂

摇臂的功用是将推杆或凸轮传来的作用力,改变方向后传给气门使其开启。摇臂是一个双臂杠杆,以摇臂轴为支点,两臂不等长,如图 4-21 所示。短臂端加工有螺纹孔,用来拧入气门间隙调整螺钉,长臂端加工成圆弧面,是推动气门的工作面。

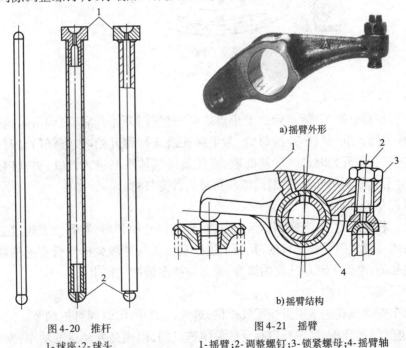

a) 摇臂外形

b) 摇臂结构

图 4-20　推杆
1-球座;2-球头

图 4-21　摇臂
1-摇臂;2-调整螺钉;3-锁紧螺母;4-摇臂轴

四、配气相位与可变配气正时机构

1. 配气相位

由于发动机转速很高,活塞每一行程所经历的时间十分短,在这样短的时间内要使进气充分、排气干净是比较困难的。为了延长进、排气的时间,改善换气过程,提高发动机的性能,进、排气门均采用早开和迟闭的方法。

配气相位是进、排气门的实际开闭时刻用相对于上、下止点曲轴转角的环形图来表示。这种图形称为配气相位图,如图4-22所示。

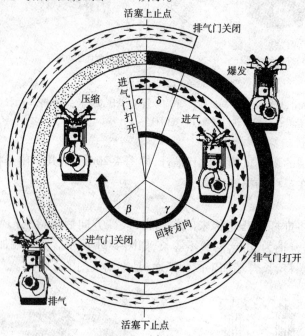

图4-22 配气相位图

1)进气门早开和迟闭

在排气行程接近终了,活塞到达上止点之前,进气门开始开启,直到活塞越过下止点后,进气门才关闭。进气门早开的目的:为了保证进气行程开始时,进气门已有一定的开度,以减小进气行程开始时进气气流的阻力,使新鲜气体顺利进入汽缸;进气门迟闭的目的:主要是为了充分利用气流的惯性,以获得最大的充气量。

2)排气门早开和迟闭

在做功行程接近终了,活塞到达下止点前,排气门开始开启,直到活塞越过上止点后,排气门才关闭。排气门早开的目的:是为了进行自由排气并减少排气行程所消耗的功;排气门迟闭的目的:是为了利用气流的惯性,使尽可能多的废气排出去。

2. 可变配气正时机构

现代汽车发动机普遍采用可变配气相位,进气门的开、闭时间可被调节。发动机转速高时,增大进气门的升程,提前开启和延迟关闭进气门,以提高发动机的功率;发动机转速低时,减少进气门的升程,延迟开启和提前关闭进气门,以提高发动机的转矩,满足发动机对经济性、动力性和减少排放污染的要求。

VTEC 系统全称是可变气门正时和升程电子控制系统,如图 4-23 所示。它能随发动机转速、负荷、冷却液温度等运行参数的变化,而适当地调整配气正时和气门升程,使发动机在高、低速下均能达到最高效率。

装有 VTEC 机构的发动机,每个汽缸均有两个进气门和排气门,只是两个进气门有主次之分,即主进气门和次进气门,每个进气门均有单独的凸轮通过摇臂来驱动。主、次摇臂之间设有一个中间摇臂,它不与任何气门接触,三个摇臂并列在一起,驱动摇臂的三个凸轮升程不同。

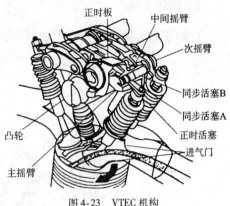

图 4-23　VTEC 机构

当发动机处于低转速或者低负荷时,三个摇臂之间无任何连接,左边和右边的摇臂分别顶动两个进气门,使两者具有不同的正时及升程。此时中间摇臂不顶动气门,只是在摇臂轴上作无效的运动。当转速在不断提高时,发动机的各传感器将监测到的负荷、转速、车速以及冷却液温度等参数送到 ECU 中,ECU 对这些信息进行分析处理。当达到需要变换为高速模式时,ECU 就发出一个信号打开 VTEC 电磁阀,使压力机油进入摇臂轴内顶动活塞,使三只摇臂连接成一体,两只进气门都按高速模式工作。当发动机转速降低达到进气门正时需要再次变换时,ECU 再次发出信号,打开 VTEC 电磁阀压力开关,使压力机油泄出,进气门再次回到低速工作模式。

课题二　正时齿形带的拆装

一、工具、设备和材料准备

(1) AYJ 发动机一台(带拆装台架)。
(2) 组合工具一套、扭力扳手一把、工具车一辆。
(3) 零件摆放架一个。
(4) 专用工具一套。

二、作业前准备

(1) 将发动机拆装台架放置可靠。
(2) 清洁工作台架及工具。
(3) 讲解安全注意事项和拆装注意事项。

三、注意事项

(1) 拆卸前应注意观察曲轴、凸轮轴正时齿形带轮上的标记。
(2) 安装正时齿形带时,必须将正时记号对齐。
(3) 螺栓必须按规定的力矩拧紧。

四、操作步骤

拆卸正时齿形带的分解图如图 4-24 所示。

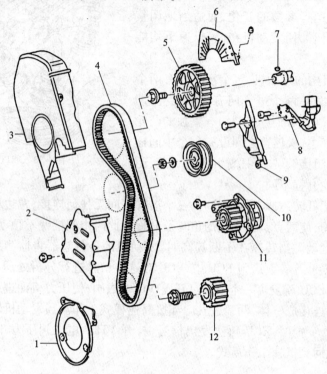

图 4-24 拆卸正时齿形带分解图

1-下护罩;2-中间护罩;3-上护罩;4-正时齿形带;5-凸轮轴正时齿形带轮;6-护罩;7-半圆键;8-凸轮轴位置传感器;9-后护罩;10-张紧轮;11-水泵;12-曲轴正时齿形带轮

1. 正时齿形带的拆卸

(1) 将发动机安装在维修工作台架上。

(2) 将曲轴转到第一缸活塞的上止点位置,如图 4-25 所示。

(3) 拆下正时齿形带上的防护罩。

(4) 将凸轮轴正时齿形带轮上的标记,对准防护罩上的标记,如图 4-26 箭头所示。

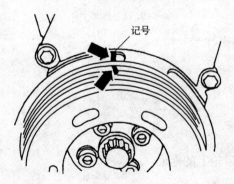

图 4-25 第一缸上止点位置记号

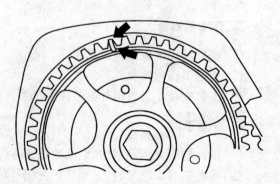

图 4-26 凸轮轴正时齿形带轮与防护罩上的标记

(5)拆下曲轴带轮的固定螺栓,取下曲轴带轮。
(6)拆下正时齿形带中间及下防护罩。

◎小提示:①拆卸前应用粉笔等在正时齿形带上做好记号,安装时应按照原旋转方向装回,如果装反会加剧正时齿形带的磨损或损坏。
②拆卸时,正时齿形带不可弯折,否则会降低其抗拉强度,易出现破损。

(7)松开半自动张紧轮并拆下正时齿形带。

2. 正时齿形带的检查

(1)一般在车辆行驶到6万~10万km时应该更换,具体的更换周期应该以车辆的维护手册说明为准。
(2)检查磨损情况。
(3)检查外形不得有扭曲现象。
(4)如果正时齿形带有硬度降低、磨损、纤维断裂、裂纹、裂缝的现象,如图4-27所示,应该更换。
(5)检查链轮故障。损坏的链轮会加剧正时齿形带齿磨损。

图4-27 检查正时齿形带

3. 正时齿形带的安装

◎小提示:安装过程中应注意各正时记号,如图4-28所示。

(1)转运凸轮轴,使曲轴不在上止点位置,以免损坏气门及活塞。
(2)将凸轮轴正时齿形带轮上的标记对准正时齿形带后上防护罩上的标记,如图4-26所示。
(3)检查曲轴正时齿形带轮上止点记号与参考标记是否对准。
(4)将正时齿形带安装到曲轴正时齿形带轮和水泵齿形带轮上,注意安装位置。
(5)将正时齿形带安装到张紧轮和凸轮轴正时齿形带轮上。

◎小提示:张紧轮的定位块,如图4-29所示,必须嵌入汽缸盖上的缺口内。

(6)将张紧轮逆时针转动,直到可以使用专用工具,如图4-30所示。松开张紧轮,直到指针位于缺口下方约10mm处。
(7)旋紧张紧轮,直到指针和缺口重叠,如图4-30所示。
(8)用20N·m的力矩拧紧张紧轮固定螺母。
(9)转动曲轴两圈,使第1缸再次回到上止点位置,检查正时齿形带的张紧度,用手指在正时齿轮和中间齿轮之间捏住正时齿形带,以刚好能转90°为合适,如图4-31所示。如不合适应进行调整。
(10)检查半自动张紧轮。用拇指用力弯曲正时齿形带,指针应该移上一侧,放松正时齿形带,张紧轮应该能够回到初始位置(缺口和指针重叠),如图4-32所示
(11)装上正时齿形带下护罩。
(12)安上曲轴带轮并用螺栓固定。

图4-28 正时记号位置

(13)安装正时齿形带上护罩及中间护罩。

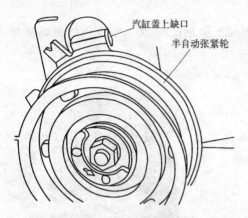

图4-29 半自动张紧位置

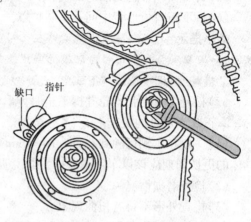

图4-30 安装半自动张紧轮

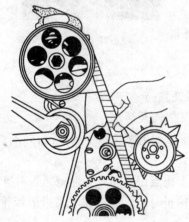

图4-31 正时齿形带的检查和调整

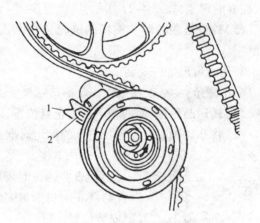

图4-32 检查半自动张紧轮
1-缺口;2-指针

课题三 凸轮轴和气门的拆装

一、工具、设备和材料准备

(1)AYJ发动机一台(带拆装台架)。
(2)组合工具一套、扭力扳手一把、锤子一把、螺丝刀一把、百分表一个、工具车一辆。
(3)工作台、零件摆放架一个。
(4)气门专用拆装工具。

二、作业前准备

(1)将发动机拆装台架放置可靠。
(2)清洁工作台架及工具。
(3)讲解安全注意事项和拆装注意事项。

三、注意事项

(1) 拆卸前应注意观察曲轴、凸轮轴正时齿形带轮上的标记。
(2) 拆装凸轮轴轴承盖时应按规定的顺序并按规定的力矩拧紧。
(3) 拆卸气门前应注意观察记号（如无应做上记号）。
(4) 安装凸轮轴时应先润滑凸轮轴轴颈。

四、操作步骤

凸轮轴和气门分解图如图4-33所示。

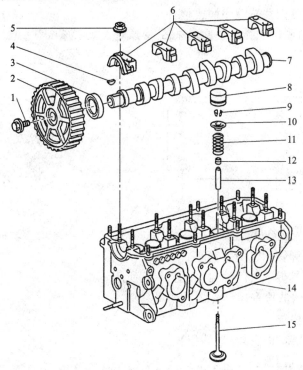

图4-33 凸轮轴和气门分解图

1-凸轮轴正时齿轮固定螺栓；2-凸轮轴正时齿轮；3-油封；4-半圆键；5-凸轮轴盖固定螺母；6-凸轮轴轴承盖；7-凸轮轴；8-液压挺柱；9-气门锁夹；10-气门弹簧座；11-气门弹簧；12-气门油封；13-气门导管；14-汽缸盖；15-气门

1. 凸轮轴和气门的拆卸

(1) 将发动机安装在维修工作台架上。
(2) 拆下正时齿带上的防护罩。
(3) 旋松凸轮轴正时齿形带轮固定螺栓。

◇小提示：拆卸前应先用专用工具固定住凸轮轴。

(4) 转动曲轴，使凸轮轴正时齿形带轮位于第一缸上止点标记。凸轮轴正时齿形带轮上的标记必须对准正时齿形带防护罩上的箭头。
(5) 转动曲轴到第一缸活塞的上止点位置。
(6) 松开半自动张紧轮，从凸轮轴正时齿形带轮上拆下正时齿形带。

（7）拆下汽缸盖罩。

（8）拆下凸轮轴正时齿形带轮。

（9）从凸轮轴上取下半圆键。

（10）先拆下第1、3、5号凸轮轴轴承盖，然后对角交替松开第2、4号轴承盖，取下凸轮轴。

（11）取下液压挺柱。

（12）按图4-34所示顺序松开汽缸盖螺栓，将汽缸盖与汽缸衬垫一起取下。

（13）将汽缸盖摆放在工作台上的木块上。

（14）取下液压挺柱，并按顺序摆放整齐。

（15）用气门专用拆装工具压缩气门弹簧，取下气门锁夹，如图4-35所示。

（16）取下各缸气门并按顺序摆放整齐。

◆**小提示：**气门拆卸时应做好安装标记，安装时应装回原位。

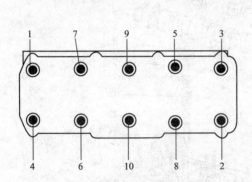

图4-34　汽缸盖螺栓拆卸顺序

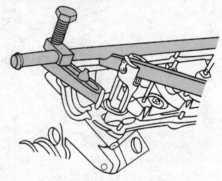

图4-35　拆卸气门

（17）取下气门弹簧和气门弹簧座。

（18）用专用工具拆下气门油封，如图4-36所示。

2. 配气机构的清洁检查

1）气门的清洁检查

（1）清除气门头部和进排气道的积炭。

（2）清洁气门、气门座。

（3）检视气门锥形工作面及气门杆的磨损、烧蚀及变形情况，视情况更换气门。

（4）检查气门头圆柱面的厚度，应大于1.0mm，如图4-37所示。

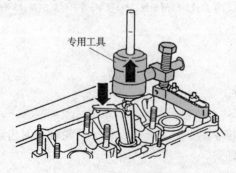

图4-36　拆下气门油封

图4-37　检查气门头圆柱面的厚度

（5）检查气门尾部端面。该端面在工作时经常与气门摇臂碰擦，需检视此端面的磨损情况,有无凹陷现象。不严重时,可用油石修磨。如果修磨量超过 0.5mm,则需更换气门。

2)气门导管的清洁检查

(1)清洗气门导管。

(2)检查气门杆与气门导管的间隙。将气门插入气门导管中。使气门的末端与导管平齐,检查有无晃动,用百分表测量,如图 4-38 所示,晃动量应符合要求。

3)气门弹簧的清洁检查

(1)清洁气门弹簧、气门弹簧座。

(2)检查气门弹簧的自由长度 L。如图 4-39 所示,用游标卡尺测量气门弹簧的自由长度,其检查亦可用新旧弹簧对比的经验方法进行。自由长度小于使用限度 1.3~2mm 时,应更换新件。

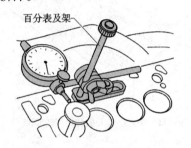
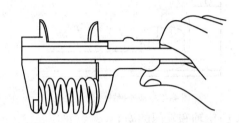

图 4-38　检查气门杆与气门导管的间隙　　图 4-39　检查气门弹簧的自由长度

(3)检查气门弹簧端面与其中心轴线的垂直度。如图 4-40 所示,将气门弹簧直立置于平板上,用直角尺检查每根弹簧的垂直度。气门弹簧上端和直角尺之间的间隙 L 即为垂直度的大小。其极限值为 2.0mm,如该间隙超限,则必须更换气门弹簧。

4)凸轮轴轴向间隙的检查

(1)如图 4-41 所示,不装液压挺柱,仅安装 1 号和 5 号凸轮轴轴承盖固定凸轮轴,轴承盖拧紧力矩为 20N·m。

(2)用百分表检查凸轮轴轴向间隙,凸轮轴轴向间隙不得超过 0.15mm。

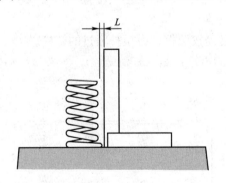

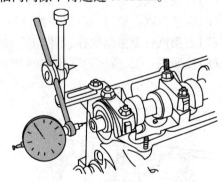

图 4-40　检查气门弹簧端面与其中心轴线的垂直度　　图 4-41　检查凸轮轴轴向间隙

5)液压挺柱的清洁检查

(1)清洁液压挺柱。

(2)检查挺柱顶平面磨损情况,若磨损严重或出现沟槽,需进行更换。

(3)检查液压挺柱的密封性。液压挺柱中的柱塞和油缸是一对精密偶件,其配合间隙不超过0.005mm,间隙过大时,将影响挺柱的正常工作。

其密封性检查方法如下:如图4-42所示,先将液压挺柱浸泡在机油中,推拉柱塞若干次,排除内腔中的空气。将排净空气的挺柱放在试验台上,在柱塞上施加196N·m的压力,柱塞下滑2mm左右后,测量其1mm滑降时间。在20℃时,其标准值应大于65s/cm,如低于规定值,应更换液压挺柱。

(4)测量凸轮和挺柱之间的间隙。顺时针方向转动曲轴,使被检查挺柱的凸轮朝上,测量凸轮和挺柱之间的间隙,如图4-43所示,应不大于0.2mm,否则应更换挺柱。

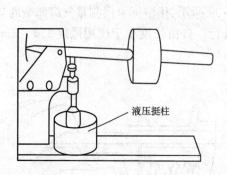
图4-42 液压挺柱密封性检查

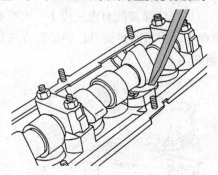
图4-43 测量凸轮和挺柱之间的间隙

3. 凸轮轴和气门的安装

(1)在气门的头部和杆部涂上机油,将气门按拆卸时的原位置插入气门导管。

(2)在气门杆上套上塑料套,新气门油封上涂上机油,用专用工具装上新油封,如图4-44所示。

(3)装上下气门弹簧座、气门弹簧和上气门弹簧座。

(4)用专用工具压缩气门弹簧,装上气门锁夹。

◇小提示:①气门一定要按原位装回。
②安装时应在气门头部和杆部涂上机油。

(5)在安装汽缸盖之前,要将曲轴转动到第一缸活塞的上止点位置。

(6)安装汽缸衬垫时,有标号(配件号)的一面必须朝上。

(7)更换汽缸盖紧固螺栓,不能重复使用已经按照拧紧力矩拧紧过的螺栓。

(8)按照图4-45所示的顺序,以40N·m的力矩拧紧汽缸盖螺栓。

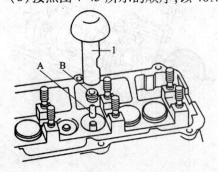
图4-44 装气门油封
1-专用工具;A-套上塑料套;B-气门油封上涂上机油

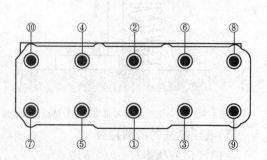
图4-45 汽缸盖螺栓安装顺序

(9)接着用固定扳手按同样顺序将所有的螺栓继续转动 1/4 圈(90°)。

(10)最后再次按同样顺序将所有螺栓继续转动 1/4 圈(90°)。

(11)清洁液压挺柱,在液压挺柱承孔内涂上机油,按原位置装上各液压挺柱。

(12)润滑凸轮轴轴承表面。

◆小提示:安装凸轮轴前应先更换凸轮轴油封。

(13)安装凸轮轴及凸轮轴轴承盖。

◆小提示:安装凸轮轴时,第一缸的凸轮必须朝上。

(14)安装轴承盖,并要保证孔的上下部分对准,如图 4-46 所示。

(15)交替对角拧紧第 2、4 号轴承盖,拧紧力矩为 20N·m。然后安装 5、1、3 轴承盖,拧紧力矩为 20N·m。

(16)将半圆键安装到凸轮轴上。

(17)安装凸轮轴正时齿形带轮,正时齿形带轮固定螺栓拧紧力矩为 100N·m。

(18)安装正时齿形带。

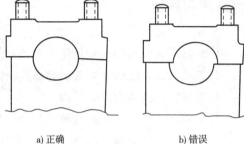

a) 正确　　　　b) 错误

图 4-46　安装凸轮轴轴承盖示意图

◆小提示:安装时一定要对齐凸轮轴正时齿形带轮和曲轴正时齿形带轮的正时记号。

(19)装上汽缸盖罩密封垫、汽缸盖罩,然后拧紧汽缸盖罩紧固螺栓。

(20)装上正时齿形带上护罩。

◆小提示:①安装好凸轮轴后,发动机在 30min 之内不得起动,以便液压挺柱的补偿元件进入状态,否则气门将敲击活塞。

②在对配气机构进行过维修后,应小心地转动曲轴至少两圈,以防止发动机起动时敲击气门。

发动机配气机构主要螺栓拧紧力矩见表 4-1。

发动机配气机构主要螺栓拧紧力矩　　　　　　表 4-1

螺栓、螺母	桑塔纳 AYJ 发动机	丰田 1ZR—FE 发动机
凸轮轴轴承盖螺母	20N·m	27N·m
张紧轮固定螺母	30N·m+90°	
凸轮轴正时齿形带轮	100N·m	54N·m
汽缸盖罩紧固螺栓	12N·m	10N·m
链条张紧器		10N·m
1 号链条振动阻尼器		21N·m
2 号链条振动阻尼器		10N·m

项目五　汽油机燃料供给系的结构与拆装

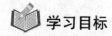学习目标

完成本项目学习后,你应当能:
1. 掌握汽油机燃料供给系统零部件结构、作用、分类和工作原理。
2. 掌握汽油机燃油喷射系统的组成、作用、分类和工作原理。
3. 掌握空气供给系统的结构、作用和工作原理。
4. 掌握电子控制点火系统的结构、作用和工作原理。
5. 正确完成电动燃油泵的更换,并掌握拆装技术要求。
6. 正确完成汽油滤清器的更换,并掌握拆装技术要求。
7. 正确拆装燃油喷射系统电子控制系统线束、传感器、执行器和ECU,并掌握拆装技术要求。
8. 掌握查阅技术资料的方法。
9. 具备环保意识和知识,了解排放控制系统的作用和组成,及相关有害物质成分浓度范围,科学处理废料。

建议课时:16课时。

课题一　汽油机燃料供给系统的组成和主要部件结构原理

一、汽油机燃料供给系统的功用和组成

汽油机燃料供给系统的功用是根据发动机各工况对可燃混合气的不同要求,配制一定数量和浓度的可燃混合气,将其供给汽缸,并将燃烧做功后产生的废气排入大气中。汽油机燃料供给系统有化油器式和电子控制燃油喷射式两种形式。为减少汽车排放对环境的污染,我国自2001年7月1日起,禁止生产化油器式燃油供给系统汽车。

1. 电控燃油喷射系统的功用

空气经空气滤清器滤去杂质之后,通过进气管道流经空气流量计、节气门进入进气总管,再经各缸进气歧管,进入汽缸。ECU根据空气流量计、发动机转速和节气门位置传感器等传感器检测的信息确定喷油量,并对喷油器发出指令,将燃油喷入各个进气歧管中,与空气混合形成合适浓度的可燃混合气,送入汽缸燃烧做功。电控燃油喷射系统如图5-1所示。

项目五 汽油机燃料供给系的结构与拆装

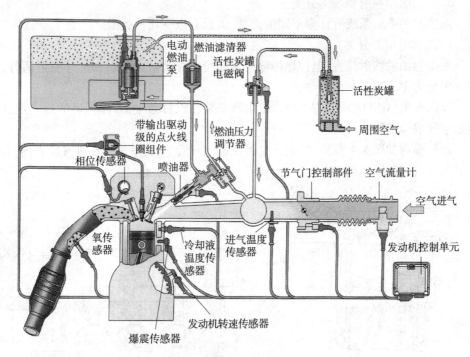

图 5-1 电控燃油喷射系统示意图

2. 电控燃油喷射系统的组成

电子控制燃油喷射式燃料供给系统由燃油供给系统、空气供给系统、排气系统和电子控制系统四大部分组成,如图 5-2 所示。

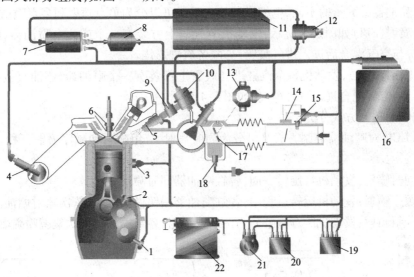

图 5-2 电控燃油喷射系统的组成

1-发动机转速传感器;2-凸轮轴位置传感器;3-冷却液温度传感器;4-氧传感器;5-喷油器;6-火花塞;7-电动燃油泵;8-燃油滤清器;9-燃油分配管;10-燃油压力调节器;11-燃油箱;12-油压脉动缓冲器;13-节气门位置传感器;14-空气流量计;15-进气温度传感器;16-发动机控制单元(ECU);17-节气门;18-怠速控制阀;19-油泵继电器;20-主继电器;21-点火开关;22-蓄电池

93

3. 电控燃油喷射系统的分类

电控燃油喷射系统有许多不同的类型,大致有以下几种类型。

1) 按喷射位置分类

根据燃油的喷射位置,电控燃油喷射系统可以分为缸内喷射和缸外喷射两种,缸外喷射又可分为单点喷射和多点喷射。

缸内喷射(GDI)如图5-3所示,喷油器安装在汽缸盖上,直接把燃油喷入汽缸与汽缸内的空气混合燃烧。

缸外喷射如图5-4所示,喷油器安装在进气歧管上,将燃油喷在进气歧管内,在进气行程时与空气一起吸入到汽缸。

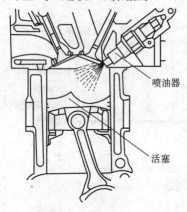

图5-3 缸内喷射示意图

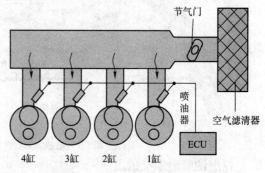

图5-4 缸外多点喷射(MPI)

2) 按喷油器的数量分类

根据喷油器的数量的不同,电控燃油喷射系统可以分为单点喷射和多点喷射。

单点喷射(SPI)如图5-5所示,发动机节气门上方装有一个或两个喷油器,将燃油喷入进气管,与空气混合后进入进气歧管,分配各汽缸燃烧。

多点喷射(MPI),发动机每个汽缸进气歧管上都装有一个喷油器,燃油直接喷射到进气门前方,与空气混合进入汽缸燃烧,如图5-4所示。

3) 按喷射控制方式分类

根据ECU对喷油器控制方式又可分为同时喷射、分组喷射和顺序喷射三种,如图5-6所示。

(1) 同时喷射:发动机每旋转一周,各缸喷油器同时喷油一次。

(2) 顺序喷射:发动机运转过程中,各缸喷油器按照做功顺序,依次喷射燃油。

(3) 分组喷射:发动机所有汽缸分为两组或三组,各组喷油器依次交替喷射燃油。

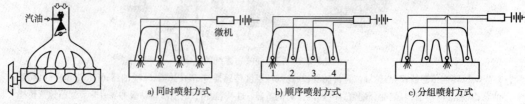

图5-5 单点喷射示意图　　图5-6 喷射方式示意图

二、电控燃油喷射系统主要部件结构原理

（一）燃油供给系统的主要部件

燃油供给系统的作用是根据电子控制单元（ECU）的控制指令，以恒定的压差将一定数量的燃油喷入进气歧管（或汽缸）。燃油供给系统由汽油箱、电动燃油泵、汽油滤清器、燃油分配管、燃油压力调节器、燃油压力缓冲器和喷油器组成，如图5-7所示。

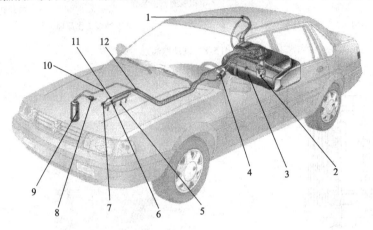

图 5-7 燃油供给系统组成图

1-加油口;2-电动燃油泵;3-燃油箱;4-燃油滤清器;5-喷油器;6-燃油分配管;7-燃油压力调节器;8-活性炭罐电磁阀;9-活性炭罐;10-燃油箱油气排放管;11-供油管;12-回油管

1. 燃油箱

燃油箱用来存储燃油，由钢板或塑料制成，外形因车而异，其容积大小与发动机排量和车型有关。

2. 活性炭罐

为减少汽油蒸气对大气的污染，现代汽车上多设有活性炭罐燃油蒸气吸收装置。将活性炭罐通过软管与燃油箱连接，将汽油蒸气引入炭罐，吸附在活性炭颗粒上。发动机工作时，电子控制单元根据条件，控制活性炭罐电磁阀打开，将吸附在活性炭颗粒上的汽油蒸气吸入汽缸燃烧。

3. 电动燃油泵

电动燃油泵的作用是把燃油从燃油箱吸出并提高燃油压力，供给燃油供给系统使用。直流电动机通电后带动油泵旋转，将燃油从进油口吸入，流经电动油泵内部，再从出油口泵出供给燃油供给系统。油泵内部还设有滤网、安全阀和止回阀，如图5-8所示。电动燃油泵大多安装在燃油箱内，也有部分汽车安装在车架上。

4. 燃油滤清器

燃油滤清器可清除燃油中的水分和杂质，防止喷油器阻塞，减少零件磨损。结构原理如图5-9所示。

5. 燃油分配管

燃油分配管的作用是缓冲平衡油压，使各缸喷油器进油压力一致。喷油器直接插在燃油分配管，燃油分配管的一端装有燃油压力调节器，如图5-10所示。

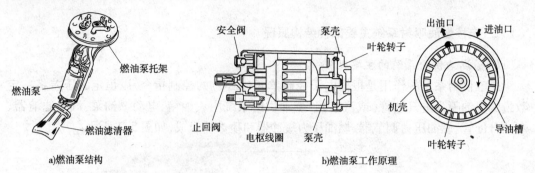

图 5-8 电动燃油泵

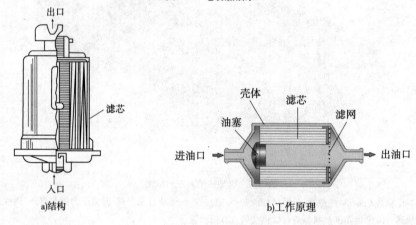

图 5-9 燃油滤清器

6. 燃油压力调节器

燃油压力调节器一般安装在燃油分配管的一端,部分车型安装在燃油箱内。它根据进气歧管内绝对压力的变化调节燃油分配管内的燃油压力,使喷油器进油口处的油压与进气歧管内气体的压力差保持恒定,使喷油量仅取决于喷油器的开启时间,如图 5-11 所示。

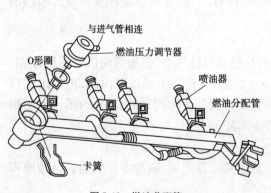

图 5-10 燃油分配管

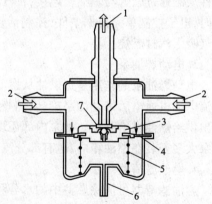

图 5-11 燃油压力调节器
1-回油口;2-进油口;3-回油阀;4-膜片;5-弹簧;
6-真空管;7-阀门

7. 喷油器

喷油器是发动机电子控制系统中的一个重要执行元件,它接收 ECU 的喷油控制指令,适时适量地将燃油雾状喷入进气歧管或汽缸内。它安装在燃油分配管上,由轴针、针阀、衔铁、复位弹簧及电磁线圈组成,如图 5-12 所示。当电磁线圈通电时,产生吸力使衔铁和轴针克服复位弹簧弹力上移,针阀打开,燃油从喷孔中喷出。当电磁线圈断电时,电磁吸力消失,衔铁和轴针在复位弹簧的作用下复位,针阀关闭,喷油停止。喷油量的大小取决于电磁线圈的通电时间,即针阀的打开时间。喷油器上的滤网用于过滤燃油中的杂质,O 形圈起到密封作用,上部密封圈防止漏油,下部密封圈防止漏气。

(二) 空气供给系统

空气供给系统的作用是为发动机可燃混合气的形成提供必要的空气,并计量和控制燃油燃烧时所需的空气量。空气供给系统由空气滤清器、节气门体、进气歧管与稳压箱、可变进气系统、涡轮增压系统组成。

1. 空气滤清器

空气滤清器用来过滤空气中的杂质,以减少汽缸、活塞和活塞环等零部件的磨损,延长发动机的使用寿命。空气滤清器种类很多,目前常见的是纸质干式空气滤清器,如图 5-13 所示。它使用经过树脂处理的滤纸对空气进行过滤。纸质干式空气滤清器,一般可连续使用 10000~50000km。

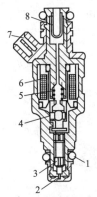

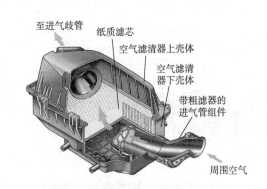

图 5-12 轴针式喷油器结构示意图

1-O 形密封圈;2-轴针;3-针阀;4-衔铁;5-复位弹簧;6-电磁线圈;7-进油管接头;8-滤网

图 5-13 空气滤清器

2. 节气门体

节气门体如图 5-14 所示,是调节控制吸入发动机空气量的部件,主要由节气门、节气门位置传感器、节气门定位电位计、节气门定位器(电动机)、节气门电位片和怠速开关等组成。可以通过控制加速踏板控制节气门的开度,调节进气量的大小,改变发动机的输出功率。

3. 进气歧管

进气歧管结构如图 5-15 所示,其作用是将空气或可燃混合气引入汽缸,并尽可能保证各缸进气量的均匀性和充分性,多为铝合金或铸铁制造。有些汽车为减少进气脉动,在进气歧管前还设有稳压箱。

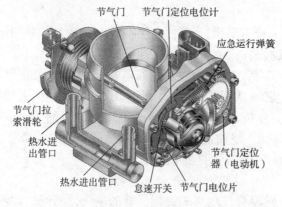

图 5-14　节气门体

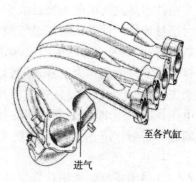

图 5-15　进气歧管

4. 废气涡轮增压系统(TURBO)

废气涡轮增压系统是利用排气行程排出气体的动能,驱动排气涡轮高速旋转,带动同轴的进气涡轮同速旋转,将进气道内的空气压入汽缸,增加了汽缸的进气量,提高进气效率,从而使发动机的功率得到提升。其结构原理如图 5-16 所示。

(三)排气系统

排气系统的作用是及时彻底地将混合气燃烧产生的废气经转化、消声排入大气。排气系统由排气歧管、排气消声器和三元催化转换器等组成,如图 5-17 所示。

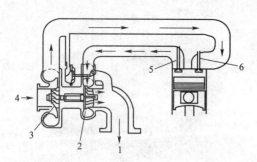

图 5-16　废气涡轮增压工作原理图
1-排气口;2-排气涡轮;3-进气涡轮;4-进气口;5-进气门;6-排气门

图 5-17　排气系统
1-排气消声器;2-中间消声器;3-排气管;4-三元催化转换器;5-排气歧管

1. 排气歧管

从汽缸排气孔到各缸排气管交汇处的管道总成称为排气歧管,一般由铸铁制成,如图 5-18所示。

2. 三元催化转换器(TWC)

三元催化转换器(TWC)结构如图 5-19 所示,内部是以陶瓷材料为基体的蜂窝直列管状结构,表面采用白金系列催化剂镀膜。这种催化剂可以在一定温度下将一氧化碳(CO)、碳氢化合物(HC)、氮氧化物(NO_x)通过氧化还原反应变成对人体无害的二氧化碳(CO_2)、水(H_2O)和氮气(N_2)。目前大多数汽油发动机车辆上都配备该装置,使尾气排放达到环保标准。

项目五　汽油机燃料供给系的结构与拆装

 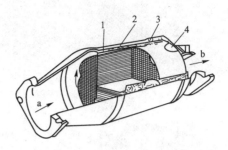

图5-18　排气歧管

图5-19　三元催化转换器
1-涂有催化剂层的陶瓷体；2-壳体；3-网状支撑体；4-密封垫；a-处理前的废气；b-处理后的废气

3. 排气消声器

排气消声器的作用是消除废气中残余的火星及火焰,降低排气噪声,结构如图5-20所示。

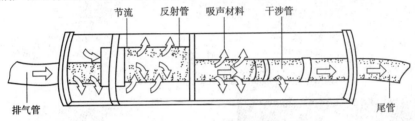

图5-20　综合式消声器结构图

(四)电子控制系统

电子控制系统的作用是用各种传感器将工作状况转换成电信号输送给ECU,经实时处理与计算后,再向各执行器发出命令,控制最佳喷油时刻、喷油量和点火时刻等,使发动机在各种工况下都处于最佳的工作状态,此外还有自诊断、失效保护和备用程序等功能。电子控制系统由传感器、电子控制单元(ECU)和执行器三部分组成。桑塔纳轿车AYJ型发动机电控燃油喷射系统各部件如图5-21所示。

1. 传感器

传感器是用来测量或检测反映发动机各种运行状态下的实时信息,包括物理量、电量和化学量等,并将这些信息转换成计算机能够接收的电信号输送给发动机控制单元进行逻辑运算处理。常见的传感器有空气流量计、进气压力传感器、凸轮轴位置传感器、发动机转速传感器、冷却液温度传感器、进气温度传感器、节气门位置传感器、爆震传感器、氧传感器和大气压力传感器等。另外还有各类开关、继电器等。

1)空气流量计(MAF)

空气流量计是实时检测发动机进气量,并向ECU提供信息,来确定基本供油量的重要传感器。它一般安装在空气滤清器和节气门体之间,如图5-22所示。目前常用的有热线式和热膜式两种。

空气流量计结构,如图5-23所示。内部的发热元件在工作状态下保持一定的温度,当空气流经时,带走发热元件表面热量。为了保持发热元件的温度,控制电路会加大热线的电流,弥补热量损失。检测出该电流就可以推算出进入发动机的空气量。

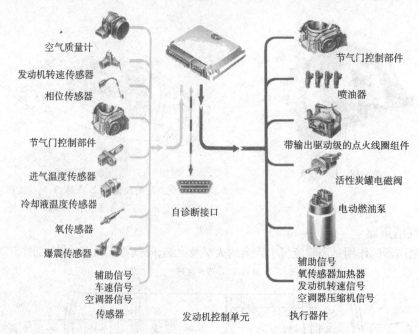

图 5-21　桑塔纳轿车 AYJ 型发动机电控燃油喷射系统各部件

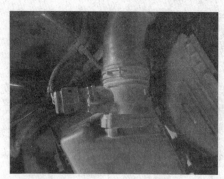

图 5-22　空气流量计位置图

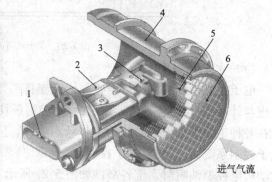

图 5-23　空气流量计结构图
1-插头；2-混合电路盒；3-发热元件；4-壳体；5-滤网；6-导流格栅

2）进气压力传感器（MAP）

　　进气压力传感器是检测进气歧管的压力，并产生信号输送至 ECU，ECU 可根据该压力信号和转速信号推算出发动机的进气量。常见的半导体压敏电阻式传感器如图 5-24 所示，该传感器一般安装在振动量较小的车身处，用橡胶软管作为取气管与进气总管相连。

3）凸轮轴位置传感器和发动机转速传感器（CKP/TDC）

　　凸轮轴位置传感器和发动机转速传感器是向 ECU 提供发动机转速、曲轴转角位置及汽缸行程位置信号，以此确定发动机的基本喷油时刻、基本喷油量及点火时刻。这两类传感器都属于转速传感器，常见的有磁电式、霍尔式和光电式三种类型。一般安装部位有曲轴前端、曲轴后端、飞轮上、凸轮轴前端或分电器内。

　　（1）磁电式曲轴转速传感器。如图 5-25 所示，它由磁感应线圈、磁铁和信号盘构成，当信号盘与曲轴同步旋转时，由于空气间隙的改变，使磁感应线圈内的磁通量改变，由此传感器产生交变的自感电动势,控制单元根据交变电压信号产生频率判断曲轴转速。信号盘上共有60齿,有一处缺两齿,此处标记为1缸活塞上止点前72°,它作为发动机控制单元判断曲轴转角位置的基准标记。

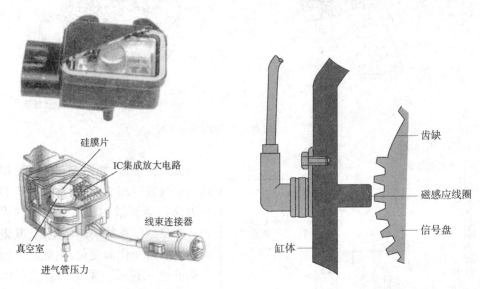

图5-24 进气压力传感器　　　图5-25 磁电式转速传感器原理图

(2)霍尔式转速传感器。霍尔式转速传感器由霍尔基片、磁铁和信号盘组成,原理如图5-26所示。传感器转子由凸轮轴或曲轴驱动,转子上有与缸数相同的叶片,当叶片转转动时,磁力线被隔断,霍尔电压下降接近零,在分电器转动一周过程中,传感器输出和汽缸数相同的矩形电压脉冲信号。常见的霍尔电压有5V、9V、12V三种规格。

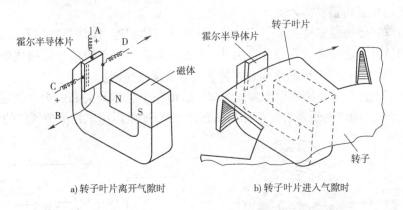

图5-26 霍尔式转速传感器工作原理图

(3)光电式转速传感器。如图5-27所示,它由两对发光二极管、光敏三极管和一个遮光信号盘组成,当遮光信号盘旋转时,盘上的弧形槽会交替阻断从发光二极管射向光敏三极管的光线,使光敏三极管导通或截止,由此产生脉冲信号。信号盘上的弧形槽数目与汽缸数相同,它产生各缸活塞到达上止点的基准信号及转速信号(N_e信号);光盘内圈只有一个弧形槽,它产生第一缸活塞到达上止点的基准信号。

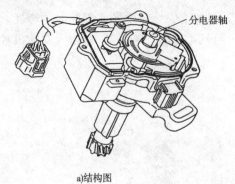
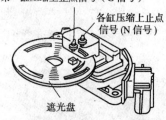

a)结构图　　　　　　　　　　　b)安装在分电器内的光电式转速传感器

图5-27　光电式转速传感器结构示意图

4)温度传感器

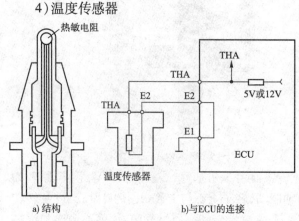

a)结构　　　　　　　b)与ECU的连接

图5-28　温度传感器及其连接电路

温度传感器,如图5-28所示,用于检测空气或冷却液温度,并输送给ECU作为修正喷油量的参考依据。其内部是一个负温度系数的热敏电阻,其阻值能随温度的变化而变化,由此产生温度变化的电压信号。常用的有进气温度传感器(THA)和冷却液温度传感器(THW)。进气温度传感器通常安装在空气滤清器内、进气歧管和空气流量计上。冷却液温度传感器通常安装在发动机水套上或水泵循环水道上。

5)节气门位置传感器(TPS)

节气门位置传感器安装在节气门体上,与节气门轴相连,检测节气门开度的大小,确定发动机的负荷。它可将节气门开度大小、怠速或全负荷状态的信号转换成电压信号输送给ECU,对喷油量、点火提前角和怠速转速进行最优的控制。

常见的节气门位置传感器原理如图5-29示,由一个怠速开关和一个线性可变电阻组合而成,怠速开关用来判断是否处于怠速状态,线性可变电阻用来检测节气门的开度。

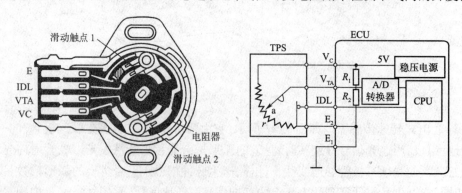

图5-29　节气门位置传感器原理图

6) 氧传感器（O_2S）

常见氧传感器由二氧化锆元件制成，结构如图 5-30 所示。一般安装在排气管上，用于检测尾气中氧的浓度。如果混合气过浓，尾废气中没有氧气，传感器两极产生高的电动势；如果混合气过稀，尾废气中有氧气，传感器两极产生电动势降低。电子控制单元（ECU）根据此信号自动调节喷油量，使混合气浓度始终处于理想状态。目前许多车辆在三元催化转换器还安装有副传感器，用于判断三元催化转换器转换有害废气的能力。

7) 爆震传感器（KS）

爆震传感器用来感知发动机汽缸内的爆震，将爆震产生的振动信息转换为电信号输送给 ECU，实现点火提前角修正。其是点火系统实现闭环控制的反馈传感器。

2. 电子控制单元（ECU）

接收各种传感器输送的工况信号，经过内部固化程序运算、判断后，确定适合发动机运转工况的参数，控制各执行元件的动作，使发动机始终处于最佳工作状态。主要由输入回路、A/D 转换器、逻辑运算器和输出回路组成，结构如图 5-31 所示。

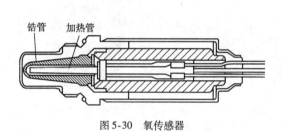

图 5-30　氧传感器　　　　图 5-31　电子控制单元（ECU）

3. 执行器

将 ECU 发送来的控制电信号转换为元件动作，实现控制过程。执行器有电动燃油泵、喷油器、继电器、活性炭罐电子阀、EGR 阀、怠速控制装置和二次空气喷射泵等。

三、点火系统结构组成及工作原理

点火系统的作用是将汽车电源所提供的低压电转变成高压电，并按照发动机各缸的点火做功顺序和点火时刻的要求，适时准确地将高压电输送至各缸火花塞，使火花塞跳火，产生足够的能量点燃汽缸内的可燃混合气。按照点火方式的不同，目前汽车上运用的点火系统有晶体管点火系统和电子控制点火系统两大类。

（一）晶体管点火系统的组成及工作原理

晶体管点火系统（也称为半导体点火系统），它利用三极管的开关作用，控制点火线圈初级绕组的低压电路的通断，使点火线圈感应出高压电，使火花塞产生电火花，点燃汽缸内的可燃混合气。晶体管点火系统主要由电源、点火开关、点火线圈、分电器、点火信号发生器、点火控制器、火花塞和高压线等主要部件组成。点火信号发生器根据各缸点火时刻产生相应的点火脉冲信号，控制点火控制器接通或断开点火线圈初级电路的时刻。点火控制器是由半导体元件组成的电子开关电路，其主要作用是接收点火信号发生器输出的脉冲信号，利用三极管的导通和截止控制点火线圈初级绕组的通断。晶体管点火系统组成如图 5-32 所示。

1. 电源

点火系统的电源是蓄电池或者发电机,作用是提供点火系统所需电能。起动发动机时由蓄电池供电,发动机工作以后由发电机供电。

2. 点火开关

接通或断开点火系统初级电路,控制发动机起动、工作和熄火。

3. 点火线圈

点火线圈如图5-33所示,作用是将汽车电源提供的12V低压电通过电磁感应感,原理转换为能击穿火花塞电极间隙的15~20kV的高压电。按其磁路结构不同点火线圈可分为开磁路式和闭磁路式两种。

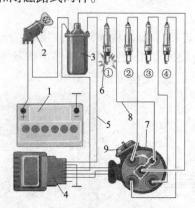

图5-32 晶体管点火系统的组成
1-蓄电池;2-点火开关;3-点火线圈;4-点火控制器;5-低压导线;6-火花塞;7-分电器;8-高压导线;9-点火信号发生器

图5-33 点火线圈

4. 分电器

分电器由点火信号发生器、配电器、点火提前角调整装置等组成。其作用根据各缸点火时刻产生相应的点火脉冲信号,控制点火控制器接通或断开点火线圈初级电路,使点火线圈次级绕组感应出高压电动势,并按照发动机做功需要将高压电分送至各缸火花塞进行点火,并能随发动机转速、负荷和燃油牌号的变化,自动地调节点火提前角。点火提前角调整装置可分为机械离心式点火提前角调整装置和真空膜片式点火提前角调整装置。机械离心式点火提前角调整装置可根据发动机转速的改变自动调整点火提前角的大小。真空膜片式点火提前角调整装置根据发动机负荷的改变自动调整点火提前角的大小。如图5-34所示。

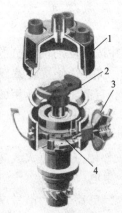

图5-34 分电器
1-分电器盖;2-分火头;3-真空膜片式点火提前调整装置;4-机械离心式点火提前调整装置

5. 点火信号发生器

点火信号发生器常安装在分电器内,根据信号发生器的原理不同,可以分为磁感应式、霍尔式和光电式等类型。

1)磁感应式信号发生器

发动机工作时,信号发生器的转子由分电器轴带动,转子上的凸齿数与发动机的汽缸数相对应。转子转动时磁路的空气间隙不断变化,使穿过感应线圈的磁通量发生变化,根据电磁感应原理,感应线圈产生的感应电动势达到最大值(正向或反向),转子转动一周产生与汽缸数目相对应的交变信号,其幅值与转速成正比,该交变信号即为点火触发信号。工作原理如图5-35所示。

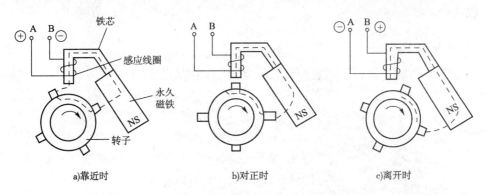

图5-35 磁感应式点火信号发生器工作原理图

2)霍尔式信号发生器

霍尔式信号发生器如图5-36所示。发动机运转时,触发叶轮随分电器轴转动,当叶片进入永久磁铁与霍尔元件之间的气隙时,磁场被叶片所短路,而不能作用在霍尔元件上,此时霍尔元件几乎不产生霍尔电压;相反,当叶片离开气隙时,由于磁场的作用,通电的霍尔元件便产生霍尔电压。由于霍尔元件产生的霍尔电压为毫伏级,因此霍尔点火信号发生器输出的信号电压是经霍尔集成电路放大、脉冲整形、变换后的矩形脉冲。

3)光电式信号发生器

光电式信号发生器,一般安装在分电器内。主要由发光二极管、光接收二极管和遮光信号盘组成,结构如图5-37所示。

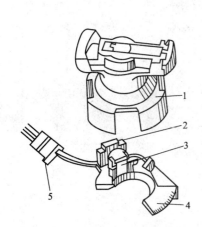

图5-36 霍尔式信号发生器结构
1-叶轮;2-霍尔集成电路;3-永久磁铁;4-底板;5-插头

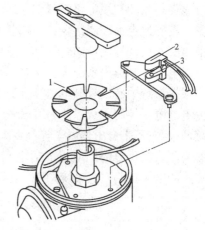

图5-37 光电式信号发生器结构图
1-遮光信号盘;2-发光二极管;3-光敏二极管

分电器轴带动遮光信号盘信号转子转动,遮光信号盘上有与汽缸数相同的凹槽,当凹槽正对信号发生器的时候,发光二极管发出的光束照在光敏二极管上,使其产生电压信号;遮光时,光敏二极管接收不到光源,便无信号产生,故此也产生相应的矩形脉冲信号。

6. 高压导线

高压导线用以连接点火线圈与分电器中心插孔及旁插孔和各缸火花塞。因其工作电压较高(15kV 以上)，电流较小，所以外包较厚绝缘层。汽车用高压导线一般有铜芯线和阻尼线两种。

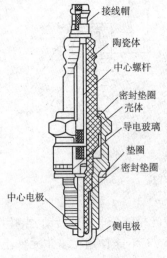

图 5-38　火花塞的结构

7. 火花塞

火花塞的作用是将高压电引入汽缸燃烧室产生电火花点燃可燃混合气。结构如图 5-38 所示，主要由接线帽、陶瓷绝缘体、中心电极、侧电极和壳体组成。

火花塞的中心电极头部与侧电极留有一个 0.7～0.9mm 的电极间隙。根据火花塞散热能力不同（绝缘体裙部的长度不同）火花塞又分为热型火花塞、中型火花塞、冷型火花塞，如图 5-39 所示。

（二）电子控制点火系统（ESA）

电子控制点火系统的作用是利用电子控制单元(ECU)接收各传感器的信号，经过分析处理、控制系统以最佳的能量和点火时刻进行点火。一般由发动机转速传感器、凸轮轴位置传感器、爆震传感器、空气流量计、节气门位置传感器、冷却液温度传感器、电子控制单元(ECU)、点火控制器、点火线圈、分电器和火花塞等组成。

1. 电子控制点火系统的工作原理

发动机运转时，电子控制单元(ECU)根据发动机转速传感器、凸轮轴位置传感器、气门位置传感器、空气流量计、冷却液温度传感器、进气温度传感器等传感器信号，计算出最佳点火提前角和初级电路的最佳导通时间，向点火控制装置发出精确的点火控制指令；同时利用爆震传感器对点火提前角实施反馈控制。同时还具有故障自诊断功能。

2. 电子控制点火系统分类

根据系统中有没有分电器，电子控制点火系统可分为带分电器电子控制点火系统和不带分电器电子控制点火系统两大类；不带分电器电子控制点火系统根据系统中有没有高压线又可分为同时点火的电子控制点火系统和独立点火的电子控制点火系统两类，如图 5-40 所示。

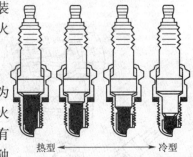

图 5-39　火花塞的分类

图 5-40　电子控制点火系统分类

3. 有分电器的电子控制点火系统的组成

有分电器的电子控制点火系统由蓄电池、点火开关、点火线圈、点火模块、分电器、电子控制单元(ECU)和相关传感器组成,如图5-41所示。

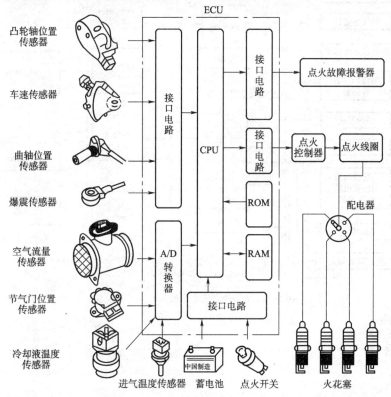

图5-41 带分电器的电子控制点火系统

4. 无分电器式电子控制点火系统

为了提高点火能量和减少点火系统产生的电磁干扰,无分电器式电控点火系统在汽车上的运用越来越广泛。无分电器式电控点火系统取消了传统的分电器,没有分电器盖和分火头,由点火线圈产生的高压电直接送到火花塞,因此又称为"直接点火系统"。这种点火方式的点火提前角完全由电子控制单元(ECU)控制。工作原理如图5-42所示。

目前,无分电器式电控点火系常采用以下两种方式:两个汽缸合用一个点火线圈的同时点火方式和一个汽缸使用一个点火线圈的独立点火方式。

1) 同时点火方式

同时点火方式中的两个汽缸合用一个点火线圈。四缸发动机用的无分电器结构如图5-43a)所示,其中有两个点火线圈,每个点火线圈控制两个汽缸的点火。点火线圈每产生一次高压都使配对的两缸火花塞同时跳火,其中一缸是有效点火,另一缸是无效点火,原理如图5-43b)所示。

同时点火方式点火高压的分配又分为二极管分配和点火线圈分配两种方式。

2) 独立点火方式

独立点火方式又称单独点火方式,采用这种方式的直接点火系统,每一汽缸火花塞各配有一个独立的点火线圈(图5-44)来提供点火高压,取消了公共的点火线圈。

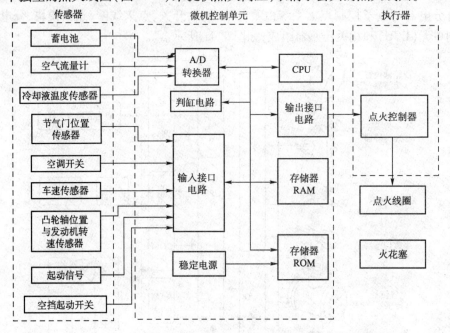

图 5-42 无分电器式电子控制点火系统框图

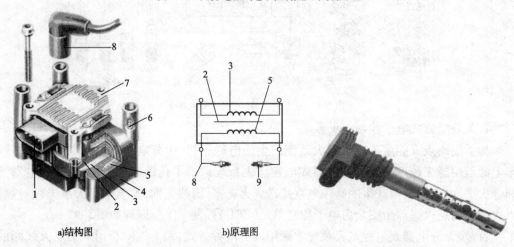

a)结构图　　　　　　　　b)原理图

图 5-43 无分电器同时点火方式点火线圈　　　图 5-44 无分电器独立点火方式点火线圈

1-插头;2-铁芯;3-初级线圈;4-壳体;5-次级线圈;6-高压接柱;7-点火模块;8-高压线;9-火花塞

课题二　电动燃油泵的拆装

一、工具、设备和材料准备

(1)桑塔纳2000GSI轿车一辆。

(2)常用工具一套,工具车一辆。
(3)工作台一个、零件摆放架一个。
(4)专用工具一套、桑塔纳轿车维修手册一套。
(5)棉纱布若干。

二、作业前的准备

(1)将车辆正确停放在工位上。
(2)将常用工具、专用工具放在工具车上,工具车放在拆装过程易于取用的位置。
(3)清洁工作台。
(4)讲解安全注意事项和拆装注意事项。

三、注意事项

(1)燃油泵拆装前应进行油路泄压操作。
(2)远离电源及产生明火部位。禁止使用手机。
(3)实习操作应进行防静电保护。
(4)使用后的棉纱布应妥善处理。
(5)场地内消防器材应完备。
(6)拔导线连接器时应该在可靠地使锁销脱离啮合后,再分开连接器。不能直接拉扯线束断开连接器,以防扯断导线,如图5-45所示。

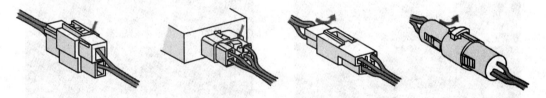

图5-45 导线连接器分离示意图

(7)油箱最多允许加注1/2,必要时用燃油抽吸装置排空油箱。
(8)松开连接位置前要彻底清洁连接位置及其周围区域。
(9)将拆下零件放在干净的垫子上并盖住,不要使用纤维材质的抹布。
(10)如果无法立即进行维修或装复,应仔细将已打开的部件盖住或密闭。
(11)只允许安装干净的零件;安装前才直接从包装中取出的配件。
(12)对于打开的装置尽可能不使用压缩空气进行清洁处理,且尽可能不移动车辆。

四、操作步骤

燃油泵安装在燃油箱内,燃油泵结构示意图如图5-46所示。

1. 电动燃油泵总成拆卸

(1)汽车进入工位前,将工位清理干净,准备好相关器材。
(2)套上转向盘护套、变速器手柄套和座椅套,铺设脚垫。如图5-47和图5-48所示。
(3)正确停放车辆,放置好车轮垫块,如图5-49所示。并拉紧驻车制动器操纵杆,如

图 5-50 所示。

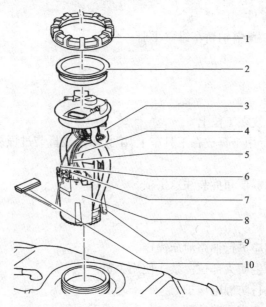

图 5-46　燃油泵总成结构示意图

1-塑料紧固螺母;2-密封圈;3-供油管;4-搭铁线(黑);5-燃油泵供电线(蓝);6-燃油量传感器导线(红);7-传感器搭铁(红);8-燃油泵总成;9-回油管;10-浮子

图 5-47　安装转向盘护套

图 5-48　安装座椅护套

图 5-49　放置车轮垫块

图 5-50　拉紧驻车制动器操纵杆

项目五 汽油机燃料供给系的结构与拆装

(4)打开发动机罩,安装磁性护垫,如图 5-51 所示。清洁发动机舱并对燃油油路进行泄压处理。

泄压方法一:松开燃油分配管的进油接头,用棉纱布包裹进行泄压,如图 5-52 所示。

图 5-51　安装磁性护垫　　　　　　　　图 5-52　燃油油路泄压

泄压方法二:拔掉燃油泵熔断丝,起动发动机直至自动熄火即可。

(5)断开蓄电池的搭铁线。

◈小提示:请检查收音机是否有密码,如有必要,应先查询防盗编码。

(6)打开车辆行李舱,取出行李舱地毯。

(7)拆下行李舱内地毯下燃油箱密封凸缘的盖板,如图 5-53 所示,并清洁。

(8)从密封凸缘上拆下进油管、回油管和通气管,再拔下 3 端子导线连接器,如图 5-54 所示。

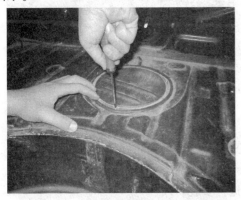 

图 5-53　拆下燃油箱密封凸缘盖板　　　　图 5-54　拆下油管及燃油泵导线连接器

◈小提示:拆下进油管、回油管和通气管后,应用洁净塑料膜封闭管路口,避免燃油系统受污。

(9)用专用工具旋下大螺母,如图 5-55 所示。

◈小提示:拆下大螺母前一定要对大螺母周边进行清洁,以免灰尘等进入燃油箱内。

(10)用专用工具插入燃油箱内燃油泵壳体的 3 个拆装缺口内,旋松燃油泵,如图 5-56 所示。

(11)从燃油箱开口处拉出密封凸缘和橡胶密封件及燃油泵总成(图 5-57),并拔下密封凸缘内燃油油量传感器导线接头。

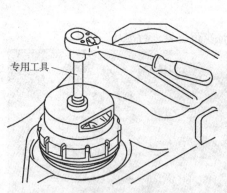

图5-55 拆卸大螺母　　　　　图5-56 拆卸燃油泵总成

(12)从燃油箱内将燃油泵拉出,拆下燃油管和燃油泵导线,如图5-58所示。

 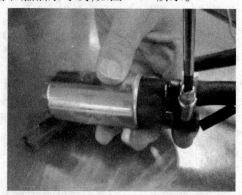

图5-57 燃油泵总成　　　　　图5-58 拆卸燃油泵燃油管路

2. 燃油泵总成基本检查

(1)检查燃油泵总成各插接器有无破损、锈蚀。

(2)检查各密封橡胶件有无破损、变形。

(3)检查燃油软管有无破损、老化。

(4)检查燃油存量传感器有无变形、锈蚀、松动,浮子体是否完好无损。

3. 燃油泵总成的装复

(1)更换新的燃油泵,并按拆卸的相反顺序进行安装。

(2)凸缘或燃油泵的密封环应在干燥时装入燃油箱的开口中。

(3)只在安装凸缘或燃油泵时用燃油浸润密封圈。

(4)安装燃油泵时不要弯曲燃油存量传感器。

(5)安装时要保证各接头连接紧固,如图5-59所示。密封凸缘上的箭头必须对准燃油箱上的箭头标记,如图5-60所示。

◇小提示:安装时,注意燃油软管的固定位置。

(6)连接蓄电池搭铁线。

(7)将发动机控制单元与节气门控制单元匹配。

(8)恢复车容并试车。

(9)清洁场地、整理工具并妥善处理使用过的棉纱布。
(10)将工具车放到指定位置。

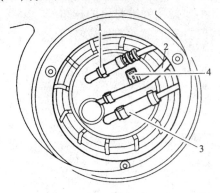

图5-59 油泵软管安装示意图
1-回油管;2-通气管;3-进油管;4-3端子导线连接器

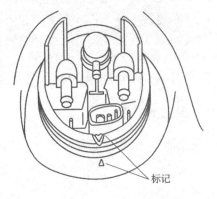

图5-60 密封凸缘标记

课题三 喷油器的拆装

一、工具、设备和材料准备

(1)桑塔纳3000(BKT汽油发动机)轿车一辆。
(2)喷油器检测试验台一部。
(3)常用工具一套,工具车一辆。
(4)工作台一个、零件摆放架一个。
(5)桑塔纳轿车维修手册一套。
(6)棉纱布若干。

二、作业前的准备

(1)将车辆正确停放在工位上。
(2)将常用工具放在工具车上,工具车放在拆装过程易于取用的位置。
(3)清洁工位。
(4)讲解安全注意事项和拆装注意事项。

三、注意事项

(1)喷油器拆装前应进行油路泄压操作。
(2)远离电源及产生明火部位。
(3)实习操作应进行防静电保护。
(4)使用后的棉纱布应妥善处理。
(5)场地内消防器材应完备。
(6)拔导线连接器时应该在可靠地使锁销脱离啮合后,再分开连接器。不能直接拉扯线束断开连接器,以防扯断导线。

(7)松开连接位置前要彻底清洁连接位置及其周围区域。

(8)将拆下零部件放在干净的垫子上并盖住,不要使用纤维材质的抹布。

(9)如果无法立即进行维修或装复,应仔细将已打开的部件盖住或密闭。

(10)只允许安装干净的零件;安装前才直接从包装中取出配件。

(11)对于打开的装置尽可能不使用压缩空气进行清洁处理,且尽可能不移动车辆。

四、操作步骤

喷油器、燃油分配管及燃油压力调节器结构示意图如图5-61所示。

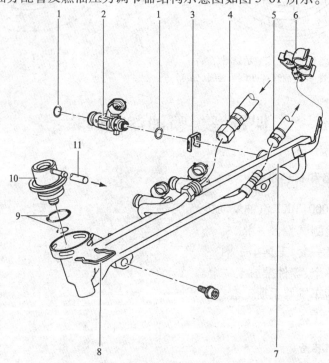

图5-61 燃油分配管、喷油器和燃油压力调节器结构示意图

1-密封圈;2-喷油器;3-卡簧;4-供油管;5-回油管;6-管路支架;7-燃油分配管;8-夹箍;9-密封圈;10-燃油压力调节器;11-真空管

1. 喷油器总成的拆卸

(1)清洁发动机舱,并清除喷油器周围的污垢。

(2)从熔断丝盒中取下燃油泵熔断丝。

(3)拔下各缸喷油器插头,如图5-62所示。

◇小提示:禁止使用螺丝刀等类似器具撬。

(4)断开燃油压力调节器真空管。

(5)进行油路泄压并断开进、回油管,使用扳手14mm开口端和17mm开口端分别卡住进油管接头处的两个锁紧螺母,反向用力使油路连接螺母松开,如图5-63所示。

◇小提示:在拆开管路接头前应进行泄压,以防高压燃油飞溅引发火灾。

项目五 汽油机燃料供给系的结构与拆装

图 5-62 拔下喷油器插头

图 5-63 管路泄压

(6) 使用鲤鱼钳将回油管上的卡箍松开并取下橡胶油管,并封闭油道。

(7) 拧松燃油分配管支架上的两个固定螺栓,如图 5-64 所示。用手转动各缸喷油器,双手托于燃油分配管两端,取下燃油分配管支架和喷油器,如图 5-65 所示。

◇小提示:拆下分配管支架和喷油器后,应用干净的棉纱布封闭喷油器安装孔,防止异物进入汽缸。

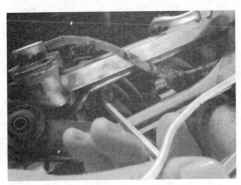
图 5-64 拧松燃油分配管固定螺栓

图 5-65 取下燃油分配管总成

(8) 用螺丝刀取下喷油器安装卡簧,如图 5-66 所示。将喷油器从燃油分配管上依次取下,如图 5-67 所示。

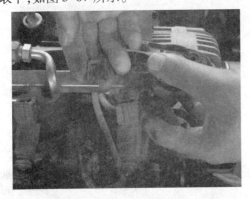
图 5-66 拆下喷油器安装卡簧

图 5-67 拆下喷油器

2. 基本检查

(1) 检查燃油管路是否有老化、破裂。
(2) 检查燃油管路卡箍是否损坏、松动。
(3) 检查喷油器上下 O 形密封圈是否老化、变形和破损。
(4) 使用喷油器试验台对各缸喷油器进行密封性、喷油量、喷射雾化进行检查。

3. 喷油器的装复

(1) 按照与拆卸相反的顺序安装喷油器。
(2) O 形密封圈须更换并使用汽油进行浸润。
(3) 装回燃油泵熔断丝。
(4) 恢复车容并试车。
(5) 清洁场地、整理工具并妥善处理使用过的棉纱布。
(6) 将工具车放到指定位置。

课题四 其他主要部件的拆装

一、工具、设备和材料准备

(1) 桑塔纳 2000GSI 轿车一辆。
(2) 常用工具一套,工具车一辆。
(3) 工作台一个、零件摆放架一个。
(4) 专用工具一套、桑塔纳轿车维修手册一套。
(5) 棉纱布若干。

二、作业前的准备

(1) 将车辆正确停放在工位上。
(2) 将常用工具、专用工具放在工具车上,工具车放在拆装过程易于取用的位置。
(3) 清洁工作台。
(4) 讲解安全注意事项和拆装注意事项。

三、注意事项

(1) 燃油系统拆装前应进行油路泄压操作。
(2) 远离电源及产生明火部位。
(3) 实习操作应进行防静电保护。
(4) 使用后的棉纱布应妥善处理。
(5) 场地内消防器材应完备。
(6) 拔导线连接器时应该在可靠地使锁销脱离啮合后,再分开连接器。不能直接拉扯线束断开连接器,以防扯断导线。
(7) 松开连接位置前要彻底清洁连接位置及其周围区域。

项目五 汽油机燃料供给系的结构与拆装

(8)将拆下零部件放在干净的垫子上并盖住,不要使用纤维材质的抹布。
(9)如果无法立即进行维修或装复,应仔细将已打开的部件盖住或密闭。
(10)只允许安装干净的零件:安装前才直接从包装中取出配件。
(11)对于打开的装置尽可能不使用压缩空气进行清洁处理,且尽可能不移动车辆。

四、操作步骤

(一)燃油滤清器总成拆装

桑塔纳轿车 AYJ 发动机燃油滤清器安装在车身下面图 5-68 所示位置。

1. 燃油滤清器的拆卸

(1)汽车进入工位前,将工位清理干净,准备好相关器材。
(2)套上转向盘护套、变速器手柄套和座椅套,铺设脚垫。
(3)正确停放车辆,并拉紧驻车制动器操纵杆。
(4)打开发动机罩,安装磁性护垫,清洁发动机舱并对燃油油路进行泄压处理。
(5)断开蓄电池的搭铁线。(请检查收音机是否有密码。如有必要,应先查询防盗编码)。
(6)升起举升机至合适位置,并确定安全锁止机构正常,如图 5-69 所示。

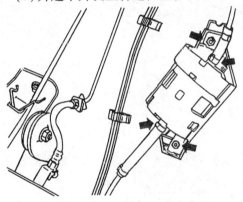

图 5-68 燃油滤清器安装位置示意图

图 5-69 举升车辆

(7)清洁燃油滤清器总成安装区域。
(8)松开燃油滤清器托架固定螺栓,如图 5-70 所示。取下燃油滤清器支架总成,如图 5-71 所示。

图 5-70 拆下固定螺栓

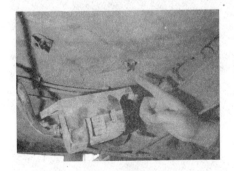

图 5-71 取下燃油滤清器支架总成

(9)松开燃油滤清器进出油管卡箍,并用棉纱布包裹接头,拔下油管,如图 5-72 所示。

（10）倾倒出燃油滤清器内残留燃油至容器内，如图5-73所示。

图5-72　拆下油管卡箍　　　　　　　图5-73　倾倒滤清器内燃油

（11）取出旧燃油滤清器，并更换上新的燃油滤清器，如图5-74所示。

2.燃油滤清器装复

（1）装上燃油滤清器卡箍，装上进出油管。

（2）按照拆卸相反的顺序装回燃油滤清器。

◇小提示：①安装时燃油滤清器壳体上的箭头标志应与燃油流动方向一致。
②燃油软管卡箍须更换新件。

（3）装上燃油滤清器支架总成。

（4）平稳降落举升机，并恢复车容试车。

（5）清理工位并整理工具。

（6）妥善处理废弃棉纱布、废油和废件。

（二）活性炭罐的拆装

活性炭罐安装在右前轮罩下，如图5-75所示，拆卸及安装时应拆下右前轮罩的挡板。

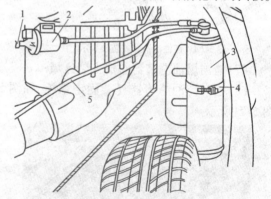

图5-74　更换燃油滤清器　　　　　图5-75　活性炭罐安装位置示意图
1-通进气歧管；2-活性炭罐电磁阀；3-活性炭罐；4-活性炭罐夹箍；5-通燃油箱通气管

1.活性炭罐的拆卸

（1）拔下活性炭罐上方的燃油箱蒸气管和真空管。

（2）拆下活性炭罐的夹箍，取下活性炭罐。

2. 活性炭罐的装复

(1) 拆下活性炭罐,卡上活性炭罐的夹箍。
(2) 装上活性炭罐上方的燃油箱蒸气管和真空管。

(三) 节气门体的拆装

节气门体总成位置,如图 5-76 所示。

1. 节气门体的拆卸

(1) 汽车进入工位前,将工位清理干净,准备好相关器材。
(2) 正确停放车辆,并拉紧驻车制动器操纵杆。
(3) 打开发动机罩,安装磁性护垫,清洁发动机舱。
(4) 升起举升机至合适位置,并确定安全锁止机构正常。
(5) 使用鲤鱼钳拆卸发动机散热器下水管,如图 5-77 所示。并做好冷却液收集工作,如图 5-78 所示。

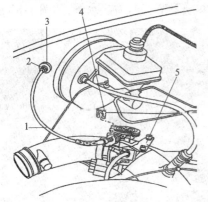

图 5-76 节气门总成位置图
1-节气门拉索;2-节气门拉索护套张紧螺母;3-挡片;4-调整锁片;5-节气门拉索支架

图 5-77 拆下散热器下水管卡箍

(6) 装复散热器下水管,并降下车辆。
(7) 拔下节气门传感器插头,如图 5-79 所示。

图 5-78 收集冷却液

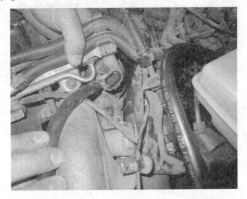

图 5-79 拔下节气门传感器插头

(8) 取下节气门拉索挡块,并拆下节气门拉索支架,如图 5-80 所示。

（9）从节气门体上拔下通往燃油压力调节器的真空管，如图5-81所示。

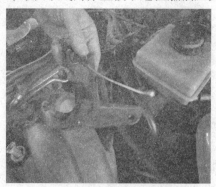
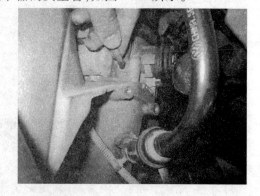

图5-80　拆下节气门拉索支架　　　　　　图5-81　拔下通往燃油压力调节器的真空管

（10）从节气门体上拔下活性炭罐真空管，如图5-82所示。

（11）使用鲤鱼钳松开节气门体热水管卡箍，并拔下节气门体热水管，如图5-83所示。

图5-82　拔下活性炭罐真空管　　　　　　图5-83　拆下热水管

（12）使用一字螺丝刀，拆下节气门进气软管卡箍，并分离进气软管，如图5-84所示。

（13）使用内六角扳手拆下节气门体紧固螺栓，如图5-85所示。取下节气门体，如图5-86所示。

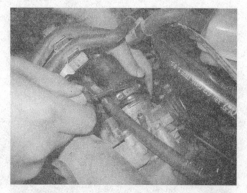
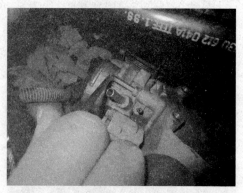

图5-84　拆下进气软管卡箍　　　　　　图5-85　拆下节气门体紧固螺栓

2. 节气门体的装复

（1）使用专用清洗剂清洗节气门体。

(2)装上节气门体,并按规定力矩将螺栓拧紧。

(3)装上进气软管,并卡上卡箍。

◎小提示:①更换卡箍应更换新件,安装时按原印痕位置装回卡箍。②安装进气管时不要使用含硅树脂的密封剂,防止吸入发动机,损坏氧传感器。

(4)装上热水管和真空管。

(5)装上节气门拉索支架,装好拉索。

(6)加注冷却液,并检查有无泄漏。检查真空软管和接头。

(7)进行节气门匹配并清除故障码,如图5-87和图5-88所示。

图5-86 取下节气门体 　　　　图5-87 基本设定

(8)恢复车容并试车。

(9)清理工位并整理工具。

◎小提示:妥善处理废弃棉纱布、废油和废件,防止对环境产生污染。

(四)发动机控制单元的拆装

发动机控制单元的安装位置如图5-89所示。

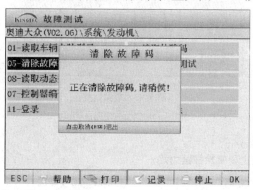 

图5-88 清除故障码 　　　　图5-89 发动机控制单元安装位置图

1.发动机控制单元的拆卸

(1)打印或记录控制单元识别号。

(2)关闭点火开关。

(3)打开发动机罩,并安装好磁性护垫。断开蓄电池的搭铁地线。

◎小提示:请检查收音机是否有密码。如有必要,应先查询防盗编码。

(4)从控制单元上松开连接插头锁止装置,拔下插头,如图5-90所示。

(5)左右分开控制单元固定卡箍,取下发动机控制单元,如图5-91所示。

图5-90 拔下发动机控制单元插头

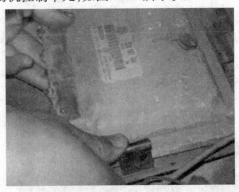

图5-91 松开固定卡箍

2. 发动机控制单元的装复

(1)装入新的发动机控制单元。

(2)连接插头,然后锁住。

(3)安装蓄电池搭铁线。

(4)打开点火开关,连接解码器在"引导型故障查询"中对控制单元进行编码,然后用电子防盗系统和节气门控制单元进行匹配,如图5-92和图5-93所示。

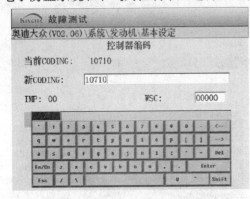

图5-92 发动机控制单元编码

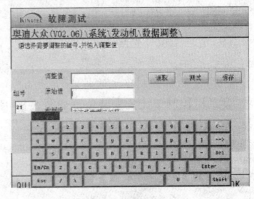

图5-93 数据调整

(5)试车。

发动机燃油供给系统主要螺栓拧紧力矩见表5-1。

表5-1 发动机燃料供给系统主要螺栓拧紧力矩

螺栓、螺母	桑塔纳 AYJ 发动机	丰田1ZR—FE 发动机
燃油分配管与汽缸盖	20N·m	21 N·m

项目六　柴油发动机燃料供给系统的结构与拆装

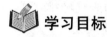 学习目标

完成本项目学习后,你应当能:
1. 掌握柴油发动机燃料供给系统零部件结构、作用、分类和工作原理。
2. 掌握柴油发动机电子控制燃油喷射系统常见类型、结构、作用和工作原理。
3. 掌握柴油发动机燃料供给系辅助装置的基本结构和工作原理。
4. 正确完成高压油泵的拆装,并掌握拆装技术要求。
5. 正确完成喷油器的拆装,并掌握拆装技术要求。
6. 掌握查阅技术资料的方法。
7. 具备环保意识和知识,会科学处理废料。

 建议课时:15课时。

课题一　柴油机燃料供给系统的结构与工作原理

一、柴油机燃料供给系统的功用和组成

1. 柴油机燃料供给系统的作用

柴油机燃料供给系统的作用是根据柴油机不同工况,定时、定压、定量地将柴油按一定规律喷入汽缸,与汽缸内被压缩的空气混合燃烧,并将燃烧后的废气排出汽缸。

2. 柴油机燃料供给系统的组成

柴油机燃料供给系统由空气供给装置、燃油供给装置、混合气形成装置及废气排出装置组成。

(1) 空气供给装置:由空气滤清器、进气歧管和汽缸盖内的进气道等组成。

◇小提示:压比指涡轮增压系统增压器出气口压力和进气口压力之比。

(2) 燃油供给装置:由柴油箱、输油泵、低压油管、柴油滤清器、喷油泵、调速器、高压油管、喷油器、回油管等组成。图6-1所示为柴油机燃油供给系统的组成。

(3) 混合气形成装置:由一定形状的燃烧室构成。

(4) 废气排出装置:由汽缸盖内的排气道、排气歧管、排气管、排气消声器等组成。

3. 柴油机燃料供给系统的工作原理

柴油机运转时,油箱中的柴油被输油泵吸出,经柴油粗滤器过滤后输送到油水分离

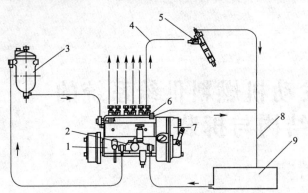

器、燃油细滤清器,滤清后的柴油被输送到喷油泵总成。喷油泵工作时,将柴油压力提高到 10～50MPa,并定时定量地将高压柴油经高压油管压送到喷油器。喷油器将柴油以雾状喷入汽缸,与汽缸内经压缩的高温、高压的空气迅速混合,并自行着火燃烧做功。燃烧以后的废气经排气道、排气管、排气消声器排入大气。

图 6-1　柴油机燃油供给系统的组成
1-喷油泵;2-输油泵;3-柴油滤清器;4-高压油管;5-喷油器;6-溢油阀;7-调速器;8-回油管;9-燃油箱

二、柴油机燃油供给系统主要部件的构造

柴油机可燃混合气的形成和燃烧都是直接在燃烧室内进行,柴油机燃烧室的形状对可燃混合气的形成和燃烧影响很大,按结构的不同,可分为统一式燃烧室和分隔式燃烧室两大类。

1. 统一式燃烧室

统一式燃烧室由汽缸盖的平面活塞顶上的凹坑及汽缸壁组成。喷油器直接将柴油喷到燃烧室内,通过油注的形状和燃烧室形状的匹配,以及燃烧室内的空气涡流运动,迅速形成混合气。所以又称直接喷射式燃烧室。凹坑的形状多采用 ω 形和球形,如图 6-2 所示。

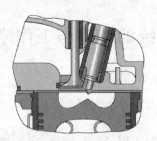
a) ω形燃烧室

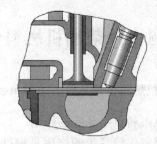
b) 球形燃烧室

图 6-2　统一式燃烧室

2. 分隔式燃烧室

分隔式燃烧室将燃烧室分成主燃烧室和副燃烧室两部分。主燃烧室位于活塞顶与汽缸底面之间;副燃烧室位于汽缸盖内,主、副燃烧室之间用一个或几个直径较小的通道相通。分隔室燃烧室又分涡流室燃烧室和预燃式燃烧室两种,如图 6-3 所示。

三、柴油机燃油供给系统主要部件的构造

（一）喷油器

1. 喷油器的作用、原理

（1）喷油器的作用是将喷油泵供给的高压柴油以一定的喷射压力和雾化质量、雾状喷射到燃烧室内,以利于混合气的形成和燃烧。

（2）喷油器的工作原理如图6-4所示。喷油泵供给的高压燃油，经喷油器的油管接头进入喷油器下方的高压腔，在针阀的承压锥面产生向上的推力，当推力高于调压弹簧的预紧力及针阀偶件间的摩擦力时，针阀向上移，针阀下端的密封锥面打开，高压柴油经密封锥面从喷嘴喷入燃烧室。当喷油泵停止工作时，燃油压力急剧下降，针阀在调压弹簧的作用下复位，喷孔关闭。喷油的压力大小可以通过旋转调压弹簧预紧力的调整螺钉进行调整。

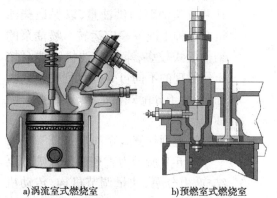

a) 涡流室式燃烧室　　b) 预燃室式燃烧室

图6-3　分隔式燃烧室

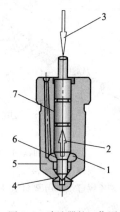

图6-4　喷油器的工作原理

1-高压腔；2-承压锥面产生的推力；3-调压弹簧的预紧力；4-密封锥面；5-针阀体；6-承压锥面；7-针阀

喷油器工作时会有少量柴油从针阀和针阀体的配合面之间的间隙漏出，对针阀进行润滑，漏出柴油经回油管流油箱。

2. 喷油器的结构

喷油器的结构如图6-5所示，由喷油嘴、调压装置和喷油器体三部分组成。

（1）喷油嘴主要由针阀和针阀体构成。喷油嘴根据结构的不同有孔式（图6-6）和轴针式（图6-7）两种。

◇**小提示**：选配和研磨好的一对针阀偶件是不能互换的。针阀偶件的配合面在制造过程中经过精磨后再相互研磨而成。

孔式喷油嘴如图6-6所示，适用统一式燃烧室，一般有1~8个喷孔，孔径为0.2~0.8mm。当针阀被打开时，高压柴油从喷孔中喷出。喷孔数量越多，孔径越小，燃油雾化越好，但需要的喷油压力较高且易被积炭堵塞。

轴针式喷油嘴如图6-7所示，适用于分隔式或U形燃烧室，针阀的密封锥面下端还伸一个圆柱形或倒锥形的轴针，喷孔直径较大，喷油压力较低，一般为10~14MPa，轴针上下运动，喷孔不易积炭，且能自除积炭。

（2）调压装置的作用是通过调压螺钉改变调压弹簧的预紧力，从而调整喷油器的喷油压力。

（3）喷油器体用于安装调压装置、喷油嘴、进油管接头及开设高压油道。为防止细小杂质堵塞喷孔，有的喷油器在进油管接头中还装有缝隙式滤芯。

（二）喷油泵

1. 喷油泵的作用及类型

喷油泵的作用是按照柴油机的运行工况和汽缸工作顺序,以一定的规律适时、定量、定压地向喷油器输送高压柴油。喷油泵又称高压油泵,一般和调速器连为一体。调速器的作用是根据柴油机外界负荷及转速变化,自动调节喷油泵的供油量,以保证柴油机在各种工况下稳定运转。喷油泵的结构形式较多,车用柴油机喷油泵按工作原理的不同可分为直列柱塞式喷油泵、转子分配式喷油泵、喷油泵—喷油器。

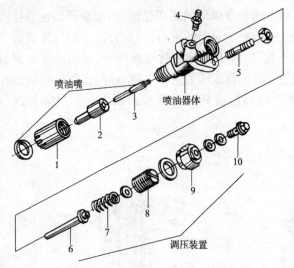

图 6-5 喷油器的结构

1-喷油嘴紧帽;2-针阀体;3-针阀;4-进油管接头;5-螺栓;6-顶杆;7-调压弹簧;8-调压螺钉;9-调压螺针盖;10-回油管接头

2. 直列柱塞式喷油泵

图 6-8 所示为直列柱塞式喷油泵结构,由分泵、油量调节机构、传动机构和泵体组成。

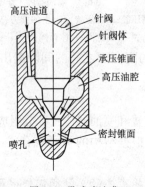

图 6-6 孔式喷油嘴

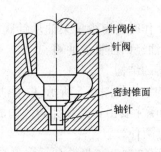

图 6-7 轴针式喷油嘴

1)分泵

分泵是由柱塞偶件(柱塞和柱塞套)、柱塞弹簧、弹簧上下座、出油阀偶件(出油阀和出油阀座)、出油阀弹簧、减容器、出油阀紧帽等组成的泵油机构,如图 6-9 所示,每一分泵只向一个汽缸供油。

◆小提示:单缸柴油机有一个分泵,称单体泵;多缸柴油机的喷油泵有与发动机缸数相等、结构和尺寸完全相同的多个分泵组成,称多缸泵。

柱塞分泵工作过程分吸油、压油和回油三个过程和一个停油状态,如图 6-10 所示。

(1)吸油过程:当凸轮的凸起部分离开柱塞时,柱塞在柱塞弹簧的作用下下移,当柱塞套上的进油孔露出柱塞上平面时,低压油腔中的燃油便顺着进油孔流入泵腔,如图 6-10a)所示。

(2)压油过程:凸轮的凸起部分将柱塞顶起过程中,当柱塞上行到将柱塞套上的进油孔完全关闭时,泵腔内的油压迅速增加,当大于出油阀弹簧的预紧力时,出油阀上移,高压柴油经高压油管进入喷油器,如图 6-10b)所示。

项目六 柴油发动机燃料供给系统的结构与拆装

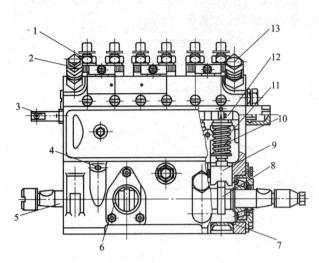

图 6-8 直列柱塞式喷油泵结构

1-出油阀部件;2-限压阀部件;3-油量调节齿杆;4-油标尺孔;5-凸轮轴;6-安装输油泵孔;7-堵盖;8-驱动凸轮;9-滚轮偶件;10-柱塞偶件;11-柱塞弹簧;12-调节齿圈;13-进油空心螺栓

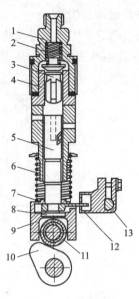

图 6-9 直列泵分泵

1-出油阀压紧座;2-出油阀弹簧;3-出油阀;4-出油阀座;5-柱塞;6-柱塞套;7-柱塞弹簧;8-调整垫块;9-滚轮体;10-凸轮;11-滚轮;12-调节臂;13-供油拉杆

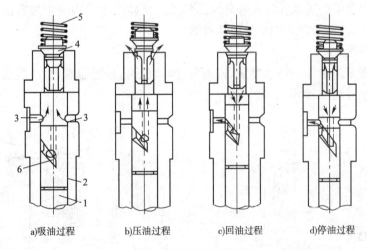

a)吸油过程　　b)压油过程　　c)回油过程　　d)停油过程

图 6-10 柱塞式喷油泵泵油原理

1-柱塞套;2-柱塞;3-进油孔;4-出油阀;5-出油阀弹簧;6-斜槽

(3)回油过程:随着柱塞的继续上移,当柱塞上的斜槽与柱塞套上的进油孔相通时,泵腔中的燃油便经柱塞上的轴向油道、斜油道及进油孔流回到低压油腔,泵油停止,如图 6-10c)所示。

(4)停油状态:转动柱塞,进油孔对应位置的柱塞上平面到斜槽上止口距离变小,泵油有效行程减少,进油量减少。当柱塞转动到柱塞上平面到斜槽上止口的距离小于或等于进油孔直径时,油泵不能有效泵油,处于停油状态,如图 6-10d)所示。

2) 油量调节机构

油量调节机构根据发动机不同工况的要求,转动柱塞改变柱塞与柱塞套筒的相对位置,改变柱塞的有效行程,从而调节喷油泵的供油量,如图 6-11 所示。

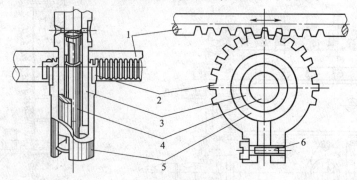

图 6-11　A 型喷油泵齿杆式供油量调节机构

1-调节齿杆;2-油量调节齿圈;3-柱塞套;4-柱塞;5-油量调节环筒;6-紧固螺钉

3) 传动机构

传动机构由凸轮轴和滚轮传动部件组成(图 6-12),传动机构驱动柱塞在柱塞套内往复运动,使喷油泵完成供油过程。

4) 泵体

分泵、油量调节机构及传动机构都装在泵体上,泵体上有低压油腔。燃油进入低压油道后,再从柱塞套上的进油孔进入各分泵的泵腔。泵体的下部内腔中加有机油,润滑传动机构。喷油泵凸轮轴的前端轴承外面装有油封。

3. VE 型分配泵

VE 型分配泵由泵体及调整器盖、输油泵、传动机构、分配器盖、燃油截断电磁阀、调速器、喷油提前器等组成,如图 6-13 所示。

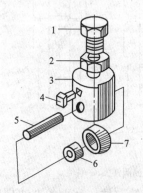

图 6-12　滚动传动部件

1-调整螺钉;2-锁紧螺母;3-滚轮体;4-导向块;5-滚轮轴;6-滚轮衬套;7-滚轮

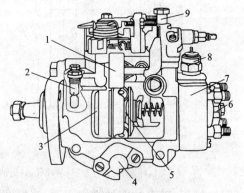

图 6-13　VE 型分配泵结构

1-调速器;2-油压调节阀;3-输油泵;4-供油提前角自动调整装置;5-平面凸轮盘;6-螺塞;7-分配器盖;8-燃油截断电磁阀;9-回油接头

VE 型分配泵的工作过程如图 6-14 所示。VE 型分配泵传动轴由曲轴正时齿轮驱动。柴油机工作时,传动轴带动输油泵旋转,将柴油加压后送入泵体内;在传动轴的右端通过联轴器与平面凸轮盘连接,利用平面凸轮盘上的传动销带动分配柱塞旋转。柱塞弹簧将分配柱塞压紧在平面凸轮盘上,并使平面凸轮盘压紧滚轮。滚轮轴嵌入静止不动的滚轮架上。当驱动轴旋转时,平面凸轮盘与分配柱塞同步旋转,而且在滚轮、平面凸轮和柱塞弹簧的共同作用下,凸轮盘还带动分配柱塞在柱塞套内作往复运动。往复运动使柴油增压,旋转运动进行柴油分配。燃油截断电磁阀断电,可以切断进入柱塞的油路,控制发动机熄火。

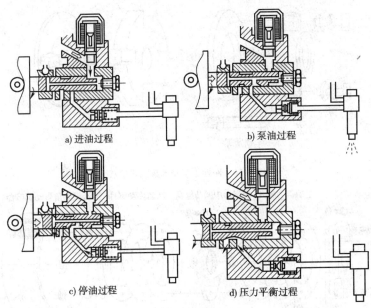

图6-14 VE型分配泵工作过程

传动轴末端的传动齿轮带动调速器飞块旋转,调速器飞块旋转产生的离心力克服调速弹簧的弹力,使滑套移动,通过调速器杠杆机构使油量调节环筒移动,从而调节分配泵的供油量。

分配泵供油提前角自动调节装置,由输油泵的进油压力和出油压力控制,柴油机工作后,随转速升高,输油泵的出油压力增大,在出油压力作用下,活塞克服左端弹簧弹力向左移动,使滚轮架顺时针转动,如图6-15所示,供油提前角加大。

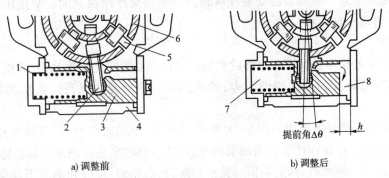

图6-15 分配泵供油提前角自动调整装置
1-弹簧;2-滚轮架销;3-活塞;4-壳体;5-滚轮;6-滚轮架;7-通输油泵进油口侧;8-通输油泵出油口侧

（三）柴油机燃料供给系统辅助装置

1. 联轴器

（1）联轴器的作用是连接两轴、传递动力、补偿因安装而造成的两轴间的同轴度偏差，还可利用两轴在安装时相对位置来调整喷油泵的供油正时。

（2）联轴器常见的有刚性十字胶木盘式（图6-16）和挠性钢片式（图6-17）两种。

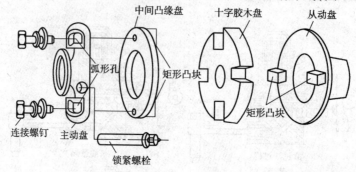

图6-16 刚性十字胶木盘式联轴器

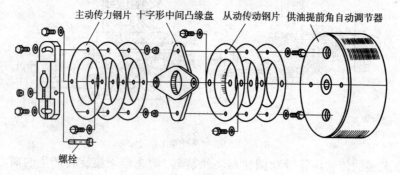

图6-17 挠性钢片式联轴器

2. 供油提前角自动调节器

（1）供油提前角自动调节器的作用是随柴油机转速改变而自动调节柴油机的供油提前角，使柴油机始终在最佳或接近最佳喷油提前角的情况下工作。

（2）供油提前角自动调节器安装在联轴器与喷油泵凸轮轴之间。常用机械离心式供油提前角自动调节器。

3. 输油泵

（1）输油泵的功用是保证有足够数量的柴油自燃油箱输送到喷油泵，并维持一定的供油压力以克服管路及燃油滤清器阻力，使柴油在低压管路中循环。常用的是活塞式输油泵。

（2）活塞式输油泵的结构如图6-18所示，由泵体、机械油泵总成、手油泵总成、止回阀类和油道等组成。安装在柱塞式喷油泵的侧面，并由喷油泵凸轮轴上的偏心轮驱动。

柴油机凸轮轴转动时，轴上的偏心轮推动滚轮、滚轮架、顶杆和活塞下移运动，使活塞上腔容积增大，下腔容积减小，下腔的柴油产生压力打开出油阀进入活塞上腔。

当偏心轮的凸起部分转离滚轮部件时，活塞便在弹簧的张力作用下向上移动，将活塞

项目六　柴油发动机燃料供给系统的结构与拆装

上腔的柴油泵出，流向柴油滤清器；同时下腔容积增大，形成一定的真空度，出油阀关闭，进油阀被吸开，燃油被吸入。

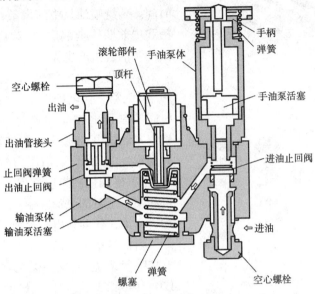

图6-18　活塞式输油泵结构图

◇小提示：手油泵的活塞与泵体、机械油泵的活塞与泵体、顶杆与配合孔等偶件都是经过选配和研磨而达到高精度配合的，故无互换性。

4. 柴油滤清器

(1) 柴油滤清器作用是滤除柴油中的机械杂质和水分，保证供油系统正常工作，延长零部件的使用寿命。

(2) 柴油滤清器多采用纸质滤芯，如图6-19所示。通常设有粗细两级滤清器，也有的柴油机只用单级滤清器。纸质滤芯应定期更换。

四、电控柴油机简介

影响供油量及喷油正时的因素不仅仅只是转速和负荷，而且还有进气温度、冷却液温度、进气压力等，对于这些影响因素的变化，普通机械控制式喷油泵是无能为力的。为了改善柴油机运转性能和降低燃油消耗率，同时也为了适应严格的柴油机排放标准的需要，从20世纪80年代初期开始，各种电子控制柴油喷射系统(以下简称电控柴油喷射系统)相继问世。

1. 电控柴油喷射系统的发展情况

第一代位置控制系统。在传统的喷射系统基础上首先发展起来的电控喷射系统是位置控制系统，称为第一代电控喷射系统。位置控制系统不仅保留了传统的泵—管—嘴系统，还保留了原喷油泵中的齿条、滑套、柱塞上的斜槽等控制油量的机械传动机构，只是对齿条或滑套的运动位置予以电子控制。

第二代时间控制系统。基于电磁阀的时间控制系统则称为第二代电控喷射系统。时间控制系统是用高速强力电磁阀直接控制高压燃油，一般情况下，电磁阀关闭，开始喷油；

电磁阀打开,喷油结束。喷油始点取决于电磁阀关闭时刻,喷油量取决于电磁阀关闭的持续时间。传统喷油泵中的齿条、滑套、柱塞上的斜槽和提前期等全部取消,对喷射定时和喷射油量控制的自由度更大。

第三代共轨电控喷射系统。到了 20 世纪 90 年代,第三代电控系统燃油分配管(共轨)式时间控制型电控柴油喷射系统得到了快速发展。共轨式电控喷射系统改变了传统的柱塞泵脉动供油的原理,采用压力时间式燃油计量原理,用电磁阀控制喷射过程,可以实现对喷射油量和喷射定时的灵活控制。

2. 第三代共轨电控喷射系统

目前汽车上运用越来越多的是第三代共轨电控喷射系统,系统中燃油在供油泵内增压到 120~140MPa 后,先供入燃油分配管,再由燃油分配管分配到各缸喷油器,如图 6-20 所示。喷油器直接由 ECU 控制其启闭,这与电控汽油喷射系统基本相同,所不同的是,由于柴油机喷油压力较高,因此,燃油分配管需承受更高的燃油压力。

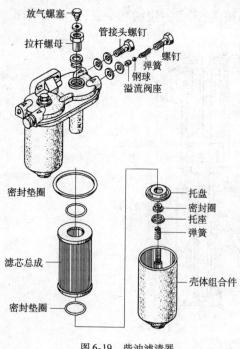

图 6-19　柴油滤清器

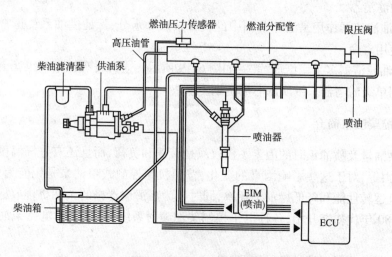

图 6-20　共轨电控喷射系统

3. 控制功能

(1)喷油量的控制:ECU 根据加速踏板位置和柴油机转速等传感器的信号确定基本喷油量,再按进气管压力和燃油温度等传感器及起动开关输入的信息进行修正,最后计算出最佳喷油量,并向喷油器通电。ECU 通过控制通向喷油器的电脉冲宽度(通电时间)来控制喷油量。

(2)喷油定时的控制:ECU 根据加速踏板位置和柴油机转速确定基本喷油时刻,再按进气管压力和冷却液温度等传感器以及起动开关输入的信号进行修正,最后确定出最佳喷油时刻,ECU 按此时刻向喷油器通电,即 ECU 对喷油器通电的时刻决定了喷油始点。

(3)喷油压力的控制:喷油压力等于燃油分配管内的燃油压力。在燃油分配管上设置燃油压力传感器和限压阀,后者用来防止燃油分配管内油压过高。压力传感器实时反馈共轨中的压力,通过控制共轨压力控制阀(PCV)的电流来调整进入共轨的燃油量和轨道压力,形成独立的共轨压力闭环子系统。

(4)喷油规律的控制:喷油规律是指喷油速率随时间或曲轴转角的变化关系,而喷油速率则是单位时间的喷油量,如图 6-21 所示。由于喷油规律对柴油机的性能有重要影响,因此,针对具有不同混合气形成与燃烧方式的柴油机应选择不同的喷油规律。在燃油分配管式电控柴油喷射系统中,当喷油压力保持不变时,喷油量唯一决定于 ECU 对喷油器的通电脉冲宽度。因此,只要改变指令脉冲就可以改变喷油规律。

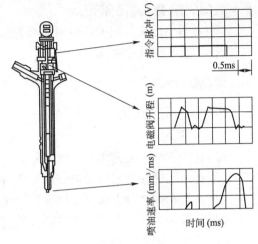

图 6-21 喷油规律的控制

课题二 A 型柱塞喷油泵的拆装

一、工具、设备和材料准备

(1)柴油发动机一台,A 型柱塞泵一台。
(2)常用工具一套,工具车一辆。
(3)工作台一个、零件摆放架一个。
(4)专用工具一套、维修手册一套。
(5)棉纱布若干,柴油若干。

二、作业前准备

(1)清洁工作台。
(2)将常用工具、专用工具放在工具车上,工具车放在拆装过程易于取用的位置。
(3)讲解安全注意事项和拆装注意事项。

三、注意事项

(1)解体前应对喷油泵进行清洁和外观检查。
(2)正确使用工具,尽量使用专用工具。

（3）在拆卸前应充分掌握所拆喷油泵的特点,根据喷油泵的不同结构,采用不同的拆卸方法和分解顺序。

（4）对有装配位置要求的零件,如齿杆、拉杆、调节臂、调整螺钉等零件,应作标记标明原来装配位置,防止错误装配。

（5）对拆下的零件应按部件顺序放置,尤其是柱塞偶件和出油阀偶件等零件,不允许互换,损坏只能成对更换。

四、操作步骤

（一）A型柱塞式喷油泵的分解

1.拆下喷油泵总成

（1）找出喷油泵上的供油正时记号。

（2）拆下与喷油器连接的高压油管和与柴油滤清器连接的低压输油管,拆下回油管。

（3）从负荷控制臂上取下复位弹簧和连接销。

（4）从停油手柄上拆下停油控制拉线。

（5）拆下联轴器连接螺栓。

（6）拆下泵体与托架的固定螺栓,从发动机上取下喷油泵总成。

2.分解喷油泵总成前的准备

（1）将喷油泵总成固定在专用拆装架上,旋下放油螺塞,放出机油。

（2）拆下输油泵、油量标尺。

（3）拆下出油阀紧帽夹板。

3.调速器的分解（图6-22）

（1）拆下调速器后壳上的后盖固定螺钉,取出后盖及密封垫。

（2）拆下怠速限位螺钉和全负荷设定螺钉。

（3）用专用工具拆下怠速弹簧组件和校正弹簧组件。

（4）拆下怠速稳定组件。

（5）拆下调速器后壳固定螺钉。

（6）将调速器后壳稍向后移,拨开齿杆连接杆上的弹性锁片,并使油量调节齿杆与连接杆脱离。

（7）用尖嘴钳从弹簧挂钩上取下启动弹簧（图6-23）,然后取下后壳总成及密封垫。

（8）用专用工具拆下凸轮轴螺母后,用顶拔器取出调速器飞块支座总成。

（9）从调速器前壳上拆下停油控制装置组件。

（10）用扳手将速度控制臂限位螺钉完全松出。

（11）拆下拉力杠杆支撑销两侧的螺塞后,取出支撑销,如图6-24所示。

（12）从调速器后壳内取出导动杠杆、浮动杠杆和滑套组件。

（13）拆下调速弹簧后,将拉力杠杆从后壳上方取出。

（14）拆下负荷操纵臂和支持杠杆。

（15）拆下速度控制臂。

项目六 柴油发动机燃料供给系统的结构与拆装

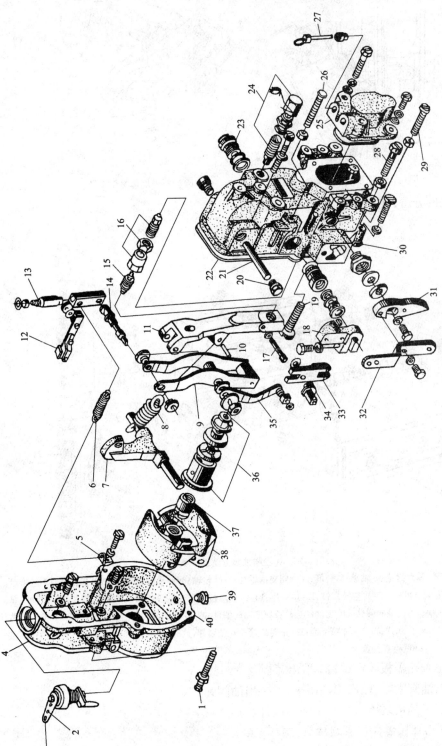

图6-22 RFD型调速器的分解

1-速度控制臂限位螺钉;2-停油控制装置组件;3-停油手柄;4-密封垫;5-启动弹簧挂钩;6-启动弹簧;7-速度设定杠杆;8-调速弹簧;9-导动杠杆;10-销轴;11-拉力杠杆;12-齿杆连接杆;13-缓冲弹簧;14-导动杠杆销轴;15-急速弹簧;16-校正弹簧组件;17-拉力杠杆销轴;18-速度控制臂;19-齿杆行程限位螺钉;20-螺塞;21-支撑销;22-密封垫;23-速度控制臂;24-急速稳定轴套;25-后盖;26-油量标尺;27-急速限位螺钉;28-全负荷设定螺钉;29-急速限位螺钉;30-调速器后壳;31-负荷控制臂限位螺钉;32-负荷控制臂;33-支持杠杆;34-曲柄销轴;35-浮动杠杆;36-滑套组件;37-凸轮轴螺母;38-调速器飞块;39-放油螺塞;40-调速器前壳

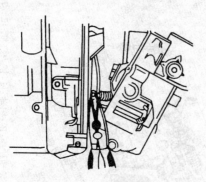
图6-23 取下启动弹簧

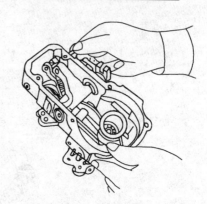
图6-24 取出支撑销

4.喷油泵的分解(图6-25)

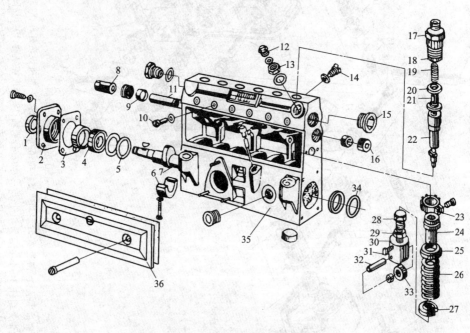

图6-25 A型喷油泵分解图

1-油封;2-前轴承盖;3-密封垫;4-轴承;5-垫圈;6-中间支撑轴瓦;7-凸轮轴;8-油量限制器组件;9-齿杆套;10-柱塞套定位螺钉;11-油量调节齿杆;12-放空气螺钉;13-接头座;14-齿杆限位螺钉;15-油管接头座;16-螺套;17-出油阀紧帽;18-出油阀限止块;19-出油阀弹簧;20-出油阀垫片;21-出油阀偶件;22-柱塞偶件;23-油量调节齿圈;24-油量调节环筒;25-弹簧上座;26-柱塞弹簧;27-弹簧下座;28-正时螺栓;29-锁紧螺母;30-滚轮体;31-滑块;32-滚轮销;33-滚轮;34-垫圈;35-泵体;36-检查孔盖板

(1)拆下检查孔盖板固定螺钉,取出盖板及密封垫。
(2)拆下出油阀紧帽,取出出油阀限止块、出油阀弹簧。
(3)用专用工具从泵体内取出出油阀偶件。

◇**小提示**:出油阀偶件应成对摆放,不能互换。

(4)用螺丝刀旋松油量调节齿圈。
(5)转动油泵凸轮轴,使滚轮体部件处于最低位置,再用专用工具压缩柱塞弹簧,用尖嘴钳取出弹簧下座。

（6）松出柱塞套定位螺钉后,用螺丝刀托起柱塞,从泵体上部取出柱塞偶件,如图6-26所示。

◈**小提示**：柱塞偶件应成对放置,不能互换。

（7）依次从泵体检查孔中取出柱塞弹簧、柱塞弹簧上座、油量调节环筒和油量调节齿圈。

（8）从泵体中取出滚轮体部件。

（9）从滚轮体上拔出滚轮销,取出滚轮衬套和滚轮。

（10）用同样的方法拆出其他各分泵组件。

（11）拆供油提前角自动调节器固定螺母,用拉力器拉下供油提前角自动调节器总成。

（12）拆下前轴承盖的固定螺栓,用木锤轻轻敲击前轴承盖,取下前轴承盖和密封垫。

（13）拆下调速器前壳的固定螺栓,用木锤轻轻敲击调速器前壳,取下调速器前壳和密封垫。

（14）从泵体底部拆下凸轮轴中间支撑轴瓦固定螺栓后,取出凸轮轴和支撑轴瓦。

（15）从泵体背面拆下油量调节齿杆限位螺钉后,如图6-27所示,取出油量调节齿杆。

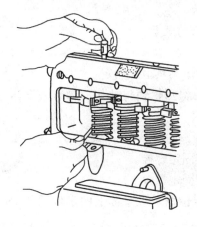 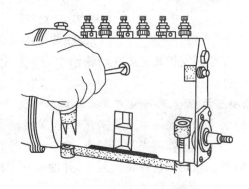

图6-26　拆下柱塞偶件　　　　　　　图6-27　拆下油量调节齿杆限位螺钉

（二）柱塞式A型喷油泵的基本检查

1. 柱塞偶件的基本检查

（1）外观检验：将柱塞偶件清洗干净,检查表面应无严重磨痕、颜色是否发暗；螺旋斜槽、直槽及环槽边缘应无剥落或锈蚀；柱塞是否弯曲变形,柱塞套端面和内表面有无锈蚀或划痕等,如有予以报废。

（2）密封性检验：用三个手指分别堵住柱塞套进油孔、回油口和导向孔,另一只手将柱塞放在最大供油位置由下往上拉,应能感觉明显有吸力,且放开柱塞后,柱塞能迅速回位,则为密封良好,如图6-28所示。

（3）滑动性检验：将清洗后的柱塞偶件在清洁柴油中装配好,往返抽动数次,然后用手指拿住柱塞套与水平线呈60°左右,抽出约1/3柱塞,若柱塞能均匀平滑下落即为配合良好,如图6-29所示。

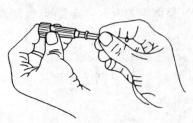

图6-28 密封性试验

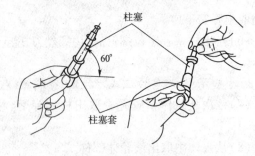

图6-29 滑动性试验

2. 出油阀偶件的检验

(1)外观检验:出油阀与阀座、减压环带应无裂纹、压痕或明显磨损;密封锥面应无金属剥落及锈蚀现象。

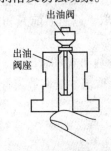

图6-30 出油阀密封性检查

(2)滑动性试验:出油阀偶件清洗后,垂直放置,将出油阀从阀座中抽出1/3,放手后出油阀应能在自重的作用下缓缓落座。

(3)密封性检验:用左手食指蘸油堵住偶件的座下口,用右手捏住出油阀向上提,在减压环带没有被抽出座孔之前,手指应能感到有吸力,如图6-30所示。

(三)A型柱塞式喷油泵的装复

1. 喷油泵的装复

(1)将喷油泵倒置在专用夹具上并固定。

(2)将中间支撑轴瓦放在凸轮轴中间轴颈上后,将凸轮轴与轴瓦一起装入泵体,拧紧轴瓦固定螺栓。

◇小提示:凸轮轴前后方向不能装反。

(3)装上油泵前轴承盖及密封垫,拧紧前轴承盖固定螺栓。

(4)装上调速器前壳及密封垫,拧紧调速器前壳固定螺栓。

(5)将油量调节齿杆装入泵体,并使齿杆上的定位槽对准泵体上的定位螺孔,装上限位螺钉。

(6)将滚轮衬套、滚轮、滚轮销装入滚轮体,然后将滚轮体部件装入泵体。

(7)转动凸轮轴使滚轮体处于下止点位置,装上油量调节齿圈、油量调节环筒、柱塞弹簧上座和柱塞弹簧。

(8)从泵体上方装入柱塞偶件(图6-31),并使柱塞凸耳插入油量调节环筒,然后旋紧柱塞套定位螺钉。

◇小提示:柱塞套上的定位槽和柱塞凸耳上有标记的一侧应同时朝向泵体正面。

(9)用专用工具压缩柱塞弹簧,然后用尖嘴钳将柱塞弹簧下座装入柱塞下端缺口。

(10)装上出油阀偶件、出油阀弹簧和出油阀限止块后,按规定力矩拧紧出油阀紧帽。

(11)用一字螺丝刀拧紧油量调节齿圈固定螺钉。

(12)用同样方法装好各分泵。

◇小提示:每装好一分泵后,用手移动油量调节齿杆,都应运动自如,否则应查明原因,重新安装。

(13)装上出油阀紧帽夹板。
(14)装上供油提前角自动调节器。
(15)装上检查孔盖板及密封垫,然后拧紧盖板固定螺钉。

2. 调速器的装复

(1)将速度设定杠杆装入调速器后壳,然后套上速度控制臂轴套,并卡上卡环。
(2)装上速度控制臂。
(3)装上支持杠杆和负荷控制臂。
(4)装上拉力杠杆(图6-32)、导动杠杆、浮动杠杆和滑套组件,并将调速弹簧一端挂接在速度设定杠杆上,另一端挂在拉力杠杆上。

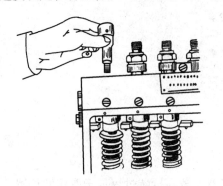

图6-31 柱塞偶件的装复

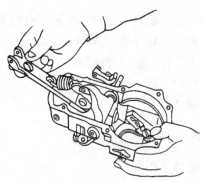

图6-32 安装拉力杠杆

(5)装上拉力杠杆支撑销后,装上支撑销两侧的螺塞。
(6)调节速度控制臂限位螺钉,初步设定速度控制臂的位置。
(7)装上停油控制装置组件。
(8)装上调速器飞块支座总成,用专用工具旋紧凸轮轴螺母。
(9)装上密封垫后,将调速器后壳总成靠近调速器前壳,用尖嘴钳装上启动弹簧。
(10)将齿杆连接杆前端的连接销钉插入油量调节齿杆后端连接孔内,然后拨上弹性锁片。
(11)装上调速器后壳固定螺钉,并用扳手拧紧。
(12)用专用工具装上怠速弹簧组件和校正弹簧组件。
(13)装上后盖及密封垫。
(14)装上怠速稳定组件。
(15)装上怠速限位螺钉和全负荷设定螺钉。
(16)装上输油泵总成。

3. 总成装车

(1)顺时针摇转曲轴,使发动机第一缸处于压缩行程,并使供油提前角记号对齐。
(2)转动喷油泵凸轮轴,使联轴器上的正时记号刻线与前轴承盖上的记号刻线(第一缸供油记号)对齐,如图6-33所示。

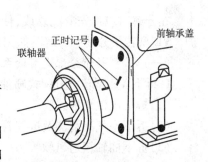

图6-33 正时记号

(3)向前推动喷油泵,使喷油泵从动凸缘与联轴器接合并拧紧固定螺栓。
(4)装上高压油管、回油管、低压输油管。
(5)装上负荷控制拉杆、连接销和复位弹簧。
(6)装上停油控制拉线。

课题三　VE型转子分配式喷油泵的拆装

一、工具、设备和材料准备

(1)柴油发动机一台,VE型转子分配泵一台。
(2)常用工具一套,工具车一辆。
(3)工作台一个,零件摆放架一个。
(4)专用工具一套,维修手册一套。
(5)棉纱布若干,柴油若干。

二、作业前准备

(1)清洁工作台。
(2)将常用工具、专用工具放在工具车上,工具车放在拆装过程易于取用的位置。
(3)讲解安全注意事项和拆装注意事项。

三、注意事项

(1)解体前应对喷油泵进行清洁和外观检查。
(2)正确使用工具,尽量使用专用工具,严禁乱拆乱撬。
(3)在拆卸前应充分掌握所拆泵的特点。
(4)对有装配位置要求的零件,如调节臂、调整螺钉等零件,应作标记标明原来装配位置,防止错误装配。
(5)对拆下的零件应按部件顺序放置,尤其是柱塞偶件和出油阀偶件等零件,在解体和清洗时应避免磕碰,且绝对不允许互换,只能成对更换。

四、操作步骤

在分解时应首先清洗总成,使用专用工具进行,并注意在分解过程中对零部件的保护。VE型转子分配泵分解图如图6-34所示。

(一)VE型转子分配式喷油泵的分解

1.拆下VE型转子分配式喷油泵总成
(1)拆下电池负极线。
(2)拆下空气滤清器及进气管。
(3)拆下曲轴箱通风软管。
(4)从喷油泵负荷控制臂上拆下负荷控制拉线,拆下燃油截断电磁阀导线插接器。

项目六 柴油发动机燃料供给系统的结构与拆装

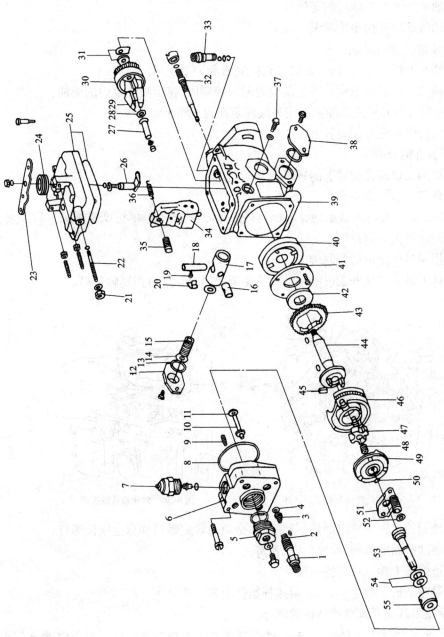

图 6-34 VE 型转子分配式喷油泵分解图

1-出油阀紧帽;2-出油阀弹簧;3-出油阀偶件;4-垫圈;5-分配器盖;6-分配器盖塞;7-燃油截断电磁阀;8-密封圈;9-调速杆支撑弹簧;10-导向杆;11-垫圈;12-供油提前角自动调整器盖;13-密封圈;14-垫圈;15-供油提前角自动调整器弹簧;16-滑座;17-供油提前角自动调整器活塞;18-滚轮架弹簧;19-保持夹扣;20-定位销;21-螺母;22-额定油量调整螺钉;23-调速器盖;24-扭簧;25-调速器;26-负荷控制轴;27-调速器套筒;28-垫圈;29-调速器飞块;30-飞块架;31-垫圈;32-调速器轴;33-调节阀;34-调速杆组件;35-弹簧座;36-调速弹簧;37-支点螺栓;38-供油提前角自动调整垫圈件;39-泵体;40-输油泵组件;41-输油泵盖;42-垫圈;43-调速器传动齿轮;44-传动轴;45-橡胶减振块;46-滚轮架组件;47-联轴器;48-弹簧;49-凸轮盘;50-柱塞盘;51-弹簧座;52-垫圈;53-柱塞;54-垫圈;55-油量调节环

(5)拆下低压油管和高压油管。

(6)拆下喷油泵正时齿轮壳底板上的6个固定螺母,如图6-35所示。

(7)拆下油泵托架与缸体的固定螺栓。

(8)从发动机的后部抽出喷油泵总成。

2. 分解VE型喷油泵总成

(1)从喷油泵上拆下正时齿轮、正时齿轮壳底板和油泵托架。

(2)从喷油泵上拆下溢流阀或冷起动电磁时间控制阀,排出喷油泵内的柴油。

(3)将VE型转子分配式喷油泵专用夹具固定在台虎钳上。

(4)将喷油泵固定在专用夹具上。

3. 调速器组件的分解

(1)松开喷油泵负荷控制臂上的螺母。

(2)取下负荷控制臂和扭簧。

◇小提示:分解前应将负荷控制臂和控制轴的相对位置做好标记,以便装配。

(3)拆下调速器盖固定螺钉。

(4)用专用工具固定负荷控制轴。

(5)从泵体上拆下调速器盖(图6-36),并使调速器盖与负荷控制轴分离。

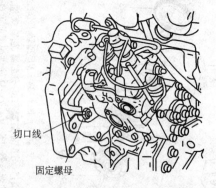

图6-35 VE型分配式喷油泵总成的拆卸

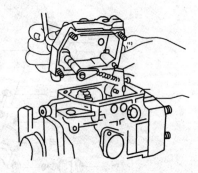

图6-36 调速器盖的拆卸

(6)从调速器盖上拆下额定油量调整螺钉、全负荷设定螺钉和急速限位螺钉。

(7)拆下燃油截断电磁阀,取出衔铁、弹簧。

(8)从调速弹簧上拆下负荷控制轴。

(9)从弹簧座上拆下调速弹簧,从调速杆组件上取下弹簧座。

(10)用专用工具松开调速器轴锁紧螺母。

◇小提示:如果喷油泵是顺时针旋转,那么调速器轴是右旋螺纹的。如果喷油泵是反时针旋转,那么调速器轴是左旋螺纹的。

(11)将喷油泵轴端朝下垂直放置在专用夹具上。

(12)用内六角扳手拆下调速器轴,如图6-37所示。

(13)取出调速器飞块架、飞块、垫圈和调速器套筒,如图6-38所示。

项目六 柴油发动机燃料供给系统的结构与拆装

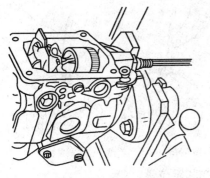

图6-37 调速器轴的拆卸

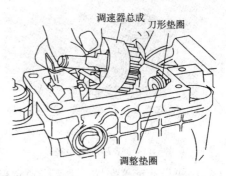

图6-38 取出调速器飞块

◇小提示：不要丢失飞块底部和飞块架前端的垫圈。

4. 分配器盖及柱塞组件的分解

(1) 用套筒扳手从分配器盖上拆下出油阀紧帽，取出出油阀弹簧。

(2) 用镊子取出出油阀和出油阀座。

◇小提示：出油阀和出油阀座属于偶件，应成对摆放，不得互换。

(3) 用套筒扳手从分配器盖上拆下分配器盖螺塞。

(4) 旋出分配器盖和泵体的连接螺钉。

(5) 从泵体上拆下分配器盖，如图6-39所示。

(6) 从分配器盖上取出柱塞弹簧导向杆、垫圈和调速杆支撑弹簧。

(7) 如图6-40所示，从泵体内取出柱塞、油量调节环、柱塞弹簧。

图6-39 分配器盖的拆卸

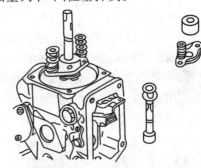

图6-40 柱塞的拆卸

5. 调速杆组件的分解

(1) 用专用工具从泵体上拆下调速杆的两只支点螺栓。

(2) 取出调速杆组件，如图6-41所示。调速杆组件包括启动杆、张紧杆、校正杆、怠速弹簧和启动弹簧。

◇小提示：取出调速杆组件时，不要丢失怠速弹簧。

6. 传动部分的分解

(1) 用镊子从泵体内取出凸轮盘和柱塞调整垫片，如图6-42所示。

(2) 取出联轴器和弹簧。

(3) 从泵体上拆下供油提前角自动调整器盖，取出弹簧、O形密封圈和垫圈，如图6-43所示。

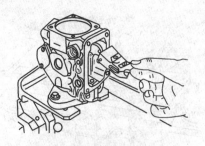
图6-41 调速杆组件的拆卸

图6-42 取出凸轮盘和柱塞调整垫片

(4)用镊子从滚轮架销上取下定位销保持夹扣和定位销。
(5)将滚轮架销移向滚轮架中心。
(6)拆下活塞、滑座和垫圈。
(7)用尖嘴钳夹住滚轮架的边缘,取出滚轮架组件,如图6-44所示。

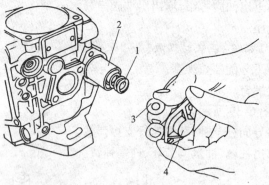
图6-43 拆供油提前角自动调整器
1-弹簧;2-活塞;3-垫圈;4-供油提前角自动调整器盖

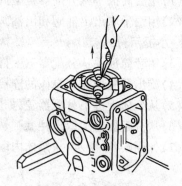
图6-44 取出滚轮架

◇小提示:不要让滚轮、滚轮衬套和滚轮销从滚轮架上落下而丢失。

(8)转动传动轴,使键槽朝向喷油泵顶部。
(9)拆下传动轴组件。
(10)从传动轴上取下半圆键、调速器传动齿轮、橡胶减振块和垫圈。

7.输油泵组件

(1)用专用工具从泵体上拆下调节阀。
(2)从泵体内拆下输油泵固定螺钉,如图6-45所示。
(3)从专用夹具上取下泵体。
(4)将输油泵托架插入泵体内。
(5)翻转泵体,使泵体轴端朝上。
(6)用橡胶锤轻轻地敲打泵体朝上的一边,从泵体的下边取下输油泵组件和输油泵盖。

◇小提示:输油泵滑片容易损坏,不要掉落,也不要改变滑片与滑片槽的相对位置。

(二)VE型转子分配式喷油泵的基本检查

(1)检查各零、部件是否磨损过度或有裂纹,零部件的工作面上应无划痕,油孔处应无麻点,各弹簧应无变形或断裂。损坏或有缺陷的零件应更换。

项目六　柴油发动机燃料供给系统的结构与拆装

（2）检查调压阀柱塞与阀体、调速器轴与滑套、供油提前角自动调整器器活塞与活塞孔等的配合间隙，间隙过大应更换。

（3）将燃油截断电磁阀与蓄电池的两极连接后再断开，若电磁阀发出"咔嗒"声，为正常，否则应更换。如图6-46所示。

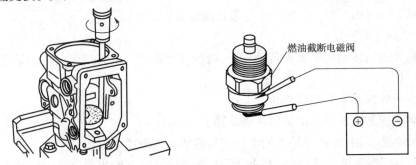

图6-45　输油泵的拆卸　　　　　　图6-46　燃油截断电磁阀的检查

（4）检查柱塞与分配套筒、油量调节环筒的配合间隙，如感到间隙过大应更换。将油量调节环筒倾斜45°，从油量调节环筒中拉出柱塞后松开，柱塞能在自身重力作用下缓慢地下降为合适；用同样方法也可检查分配套筒与柱塞的配合间隙，如图6-47所示。

（三）VE型转子分配式喷油泵的装复

1．输油泵的装复

（1）装回各个滑片。

◎小提示：滑片有槽的一端应朝转子内部，如图6-48所示。

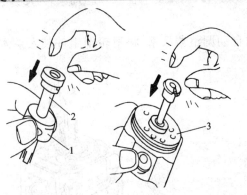
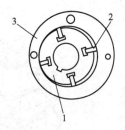

图6-47　柱塞与油量调节环和分配器盖配合间隙检查　　图6-48　输油泵的装复
1-油量调节环；2-柱塞；3-分配器盖　　　　　　　1-转子；2-滑片；3-衬套

（2）转动转子时，滑片与转子之间应滑动自如，滑片与衬套之间也不应有阻滞现象。

（3）将输油泵盖和输油泵组件安放在输油泵安装架上。

（4）查阅喷油泵金属牌鉴别号码，确定油泵的工作旋转方向（顺时针或逆时针），以此确定输油泵的安装方向。

◎小提示：如果喷油泵是顺时针工作的，则必须使衬套较宽的一边在油泵左侧的位置（从泵的前面看）。如果喷油泵是逆时针工作的，则必须使衬套较宽的一边在油泵右侧的位置（从泵的前面看）。如装反，将会出现输油方向相反的故障。

(5)将喷油泵泵体从输油泵组件上滑入,罩住输油泵组件(将泵体套在输油泵及安装架上)。

(6)检查衬套出油孔和输油泵盖上的出油孔是否对齐(出油孔必须朝向油泵的上端)。

(7)按(2.6±0.5)N·m的力矩拧紧输油泵盖固定螺钉。

2. 传动部分的装复

(1)将调速器传动齿轮装在传动轴上,齿轮有台阶的一边必须朝向传动轴带传动块的一端。

(2)在齿轮内装上橡胶减振块。

(3)将垫圈和输油泵半圆键装在传动轴上。

(4)转动传动轴,使传动轴上的半圆键与输油泵键槽成一直线。

(5)将传动轴装入泵体,如图6-49所示,并使传动轴上的半圆键插入输油泵转子的键槽内。

◇小提示:安装中,如果半圆键伸出,可用镊子夹住。装复时不要损坏输油泵盖。

3. 调节阀的装复

用专用工具将带O形密封圈的调节阀装入泵体。按(22.1±2.6)N·m的力矩拧紧调节阀。

4. 滚轮架组件的装复

(1)将滚轮、滚轮衬套、滚轮销和垫圈装入滚轮架。

◇小提示:垫圈有凸面的一面和滚轮有大倒角的一面必须朝向滚轮架的外侧。

(2)将滚轮架销装在滚轮架上。

(3)使滚轮架销朝向供油提前角自动调整器活塞,将滚轮架组件装入泵体内,如图6-50所示。

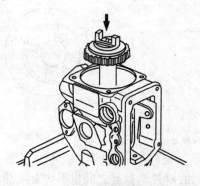 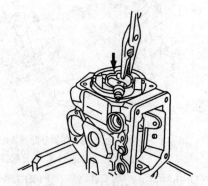

图6-49 传动轴的装复　　　　图6-50 装滚轮架组件

5. 供油提前角自动调整器活塞和滑座的装复

(1)将滑座装入供油提前角自动调整器活塞上的滑座孔内。

(2)转动滑座使滑座上的销孔与供油提前角自动调整器活塞上的销孔对齐。

(3)将供油提前角自动调整器活塞装入泵体,并使销孔朝向滚轮架销,如图6-51所示。

◈小提示：①如喷油泵是顺时针旋转的,供油提前角自动调整器活塞低压的一端(弹簧端)朝右边(从油泵的前面看)。
②如喷油泵是逆时针旋转的,供油提前角自动调整器活塞低压的一端朝左边。

6. 滚轮架销及定位销的装复

(1)将滚轮架销推入供油提前角自动调整器活塞和滑座的销孔内。

(2)用定位销固定滚轮架销,并装上定位销保持夹扣。

(3)检查移动供油提前角自动调整器活塞,应灵活无卡滞。

(4)装上供油提前角自动调整器弹簧和供油提前角自动调整器盖,如图6-52所示。

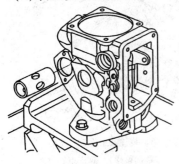

图6-51 装供油提前角自动调整器活塞

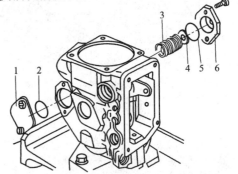

图6-52 装供油提前角自动调整器盖
1、6-供油提前角自动调整器盖;2、5-密封圈;3-弹簧;4-垫圈

(5)按规定的力矩拧紧供油提前角自动调整器盖螺钉。

7. 联轴器和凸轮盘的装复

(1)用镊子将联轴器和弹簧装入传动轴,如图6-53所示。

◈小提示：联轴器的安装方向。

(2)将凸轮盘装在传动轴上。

◈小提示：传动轴键槽朝向油泵上方时,凸轮盘传动销必须朝向油泵底部。如果方向装反,将会导致喷油时间错误。

8. 调速杆组件的装复

(1)将调速杆组件装入泵体,装上调速杆支点螺栓和垫片。

(2)用专用套筒扳手按规定的力矩(11.8~12.8)N·m拧紧支点螺栓,如图6-54所示。

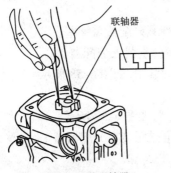

图6-53 装联轴器

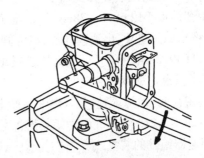

图6-54 装调速杆支点螺栓

9. 柱塞组件的装复

(1) 将垫圈和弹簧座装入柱塞,再将油量调节环装入柱塞,如图 6-55 所示。

◇小提示:油量调节环有小孔的一端必须朝向凸轮盘。

(2) 将柱塞组件和柱塞调整垫片按图 6-56 所示装入泵体。并使调速杆组件下方的支点插入柱塞油量调节环控制孔内。

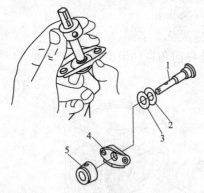

图 6-55 装柱塞组件 1
1-柱塞;2-垫圈;3-垫圈;4-弹簧座;5-油量调节环

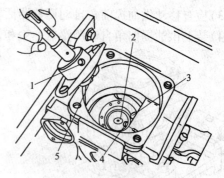

图 6-56 装柱塞组件 2
1-控制孔;2-柱塞调整垫片;3-支点;4-传动销;5-传动槽

(3) 使凸轮盘上的传动销插入柱塞底部的传动槽。

(4) 将柱塞弹簧放在弹簧座上。

10. 分配盖组件的装复

(1) 将 O 形密封圈装入分配器盖。

(2) 在导向杆上涂上润滑脂。

(3) 将导向杆、垫片和弹簧上座装在分配器盖。

(4) 将涂有润滑脂的调速杆支撑弹簧装在分配器盖上。

(5) 将分配器盖组件装入泵体。

◇小提示:速杆下的控制支点必须插入油量调节环控制孔内。
杆必须完全地插入弹簧座导向孔内。

(6) 以 11.8～12.8N·m 的力矩拧紧分配器盖固定螺钉,如图 6-57 所示。

(7) 操纵调速杆,检查油量调节环,油量调节环应滑动灵活。

(8) 将 O 形密封圈装在分配器螺塞上。

(9) 用套筒扳手以 68.6～78.4N·m 的力矩拧紧分配器盖螺塞。

(10) 将出油阀垫片、出油阀偶件、出油阀弹簧分别装入分配器盖。

(11) 以 (39.2±4.9)N·m 的力矩拧紧出油阀紧帽,如图 6-58 所示。

11. 燃油截断电磁阀的装复

(1) 将密封圈、弹簧、衔铁装入燃油截断电磁阀,如图 6-59 所示。

(2) 以 (4.7±2.5)N·m 的力矩将燃油截断电磁阀装在分配器盖上。

12. 调速器组件的装复

(1) 将四个调速器飞块装入飞块架上。

(2)装上垫片、调速器套筒。
(3)将飞块组件和垫片装入泵体,如图6-60所示。

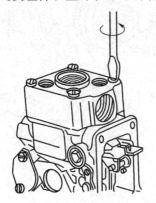

图6-57 装分配器盖组件

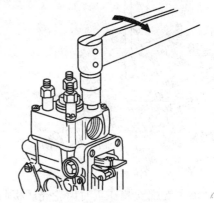

图6-58 装出油阀紧帽

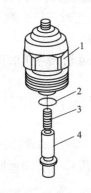

图6-59 装燃油截断阀
1-电磁阀;2-密封圈;3-弹簧;4-衔铁

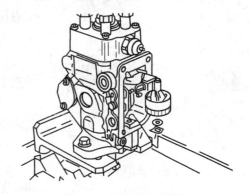

图6-60 装调速器飞块组件

(4)装上调速器轴,并用锁紧螺母锁紧。
(5)装上调速弹簧座、调速弹簧和负荷控制轴。
(6)将负荷控制轴插入调速器盖。
(7)以(7.8±1)N·m的力矩拧紧调速器盖固定螺钉,如图6-61所示。
(8)装上扭簧和负荷控制臂,拧紧固定螺母。

◇小提示:负荷控制臂应按原记号位置装回。

13.其他附件的装复
(1)将额定油量调整螺钉装上O形密封圈,然后将其装在调速器盖上,并以(7.8±1.0)N·m的力矩,拧紧锁紧螺母。
(2)装上全负荷设定螺钉和怠速限位螺钉。
(3)装上溢流阀(或电磁时间控制阀)和输油管。
(4)在泵体前端凸缘上装上O形密封圈,然后装上油泵正时齿轮壳底板和正时齿轮。
(5)装上油泵托架。

14.总成装车
(1)顺时针转动曲轴,使第一缸的活塞处于压缩上止点位置(曲轴带轮上的上止点记号对齐),如图6-62所示。

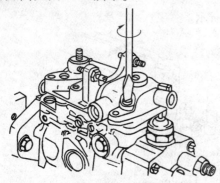

图6-61　装调速器盖

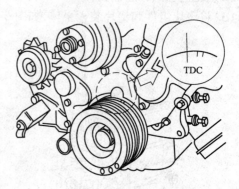

图6-62　上止点记号

(2)将O形密封圈安装在正时齿轮壳底板凸缘上。

(3)将油泵安装在发动机正时齿轮壳上,并使正时齿轮上的切口线与正时齿轮壳前端的观察孔的箭头对齐,如图6-63所示。

(4)暂时固定正时齿轮壳与正时齿轮壳底板上的六个喷油泵固定螺母。

(5)固定油泵托架后,拧紧正时齿轮盖底板上的六个喷油泵固定螺母。

(6)装上低压油管和高压油管。

(7)装上负荷控制拉线和燃油截断电磁阀导线插接器。

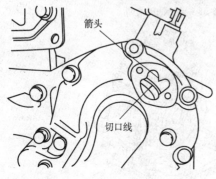

图6-63　正时记号

课题四　喷油器的拆装

一、工具、设备和材料准备

(1)孔式喷油器一个。
(2)常用工具一套,专用工具一套。
(3)工作台一个,喷油器试验泵一台。
(4)棉纱布若干,柴油若干,白纸若干张。

二、作业前的准备

(1)清洁工作台。
(2)将常用工具、专用工具放在工具车上,工具车放在拆装过程易于取用的位置。
(3)讲解安全注意事项和拆装注意事项。

三、注意事项

(1)喷油器拆装时一定要注意清洁。

(2)工具使用要规范,尽量避免油路中的柴油洒落地面,万一洒落,立即清洁。

(3)使用后的棉纱布应妥善处理。

(4)场地内消防器材应完备。

(5)当喷油器拆下后,再次安装时,所有拆下来的O形密封圈全部更换。

四、操作步骤

(一)喷油器的分解

喷油器的分解如图6-64所示。

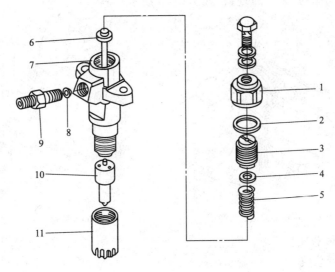

图6-64 喷油器分解图

1-护帽;2-垫片;3-调整螺钉;4-垫片;5-调压弹簧;6-芯轴;7-喷油器体;8-垫片;9-进油管接头;10-针阀偶件;11-喷嘴盖形螺母

1. 拆下喷油器总成

(1)拧松高压油管的接头螺母。

(2)拆下高压油管及固定夹。

(3)拆下回油管。

(4)拆下喷油器固定螺母后,用专用工具拆下喷油器总成,如图6-65所示。

2. 分解喷油器总成

(1)将外部清洗干净的喷油器夹在垫有铜片的台虎钳上,并使喷油嘴朝下,用扳手拆下护帽。

(2)用一字螺丝刀旋出调整螺钉,取出调压弹簧、弹簧座、顶杆和垫片。

(3)取出垫片、调压弹簧、芯轴。

(4)使喷油器喷嘴朝上,用套筒扳手拆下喷嘴盖形螺母。

(5)取出针阀偶件。

(6)从针阀体内拔出针阀,如拔不动时可用手钳垫布夹住拧出。

◇小提示:分解的各零件摆放应整齐,针阀与阀体应成对放置。

(二)喷油器零件的基本检查

1. 清洗

用铜丝刷清除外部积炭。如喷孔堵塞可用专用通针疏通,针阀体内的污物可用专用清除工具剔除,然后用柴油洗净。

2. 检查

针阀导向面、密封锥面应无伤痕或发暗。

3. 滑动性试验

将针阀偶件在清洁的柴油中洗净后,装入阀体 1/3 左右,松手后针阀应能在自身重力作用下缓缓滑入阀体内,无卡滞现象,如图 6-66 所示。

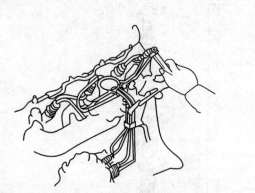

图 6-65 喷油器总成的拆卸

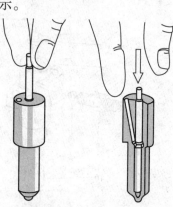

图 6-66 针阀偶件滑动试验

(三)喷油器的装复

1. 装复喷油器总成

(1)使喷油器进油口端朝下夹于垫有铜片的台虎钳上,将在清洁的柴油中浸泡过的针阀体和针阀取出,装复,并使针阀体上的定位销与喷油器体上的定位孔对齐,如图 6-67 所示。

◇小提示:装复前应清洗所有零件并用压缩空气清理喷油器体内的油道,清洗喷油器配合表面,在安装前涂机油。针阀和针阀体应在清洁柴油中进行装复。

(2)按规定力矩拧紧喷嘴盖形螺母。

(3)装上芯轴、调压弹簧。

(4)用一字螺丝刀旋入调整螺钉。

(5)装上垫圈及护帽。

2. 总成装车,如图 6-68 所示。

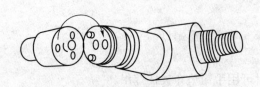

图 6-67 喷油器的组装

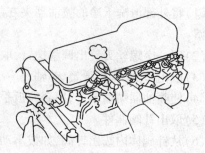

图 6-68 喷油器总成装车

(1)将喷油器装在汽缸盖上,并按规定的力矩拧紧喷油器固定螺母。
(2)装上高压油管和夹板。
(3)装上喷油器回油管。

课题五　活塞式输油泵的拆装

一、工具、设备和材料准备

(1)柴油发动机一台,带输油泵的 A 型柱塞泵一台。
(2)常用工具一套,工具车一辆。
(3)工作台一个,零件摆放架一个。
(4)专用工具一套,维修手册一套。

二、作业前准备

(1)清洁工作台。
(2)将常用工具、专用工具放在工具车上,工具车放在拆装过程易于取用的位置。
(3)讲解安全注意事项和拆装注意事项。

三、注意事项

(1)解体前应对输油泵进行清洁和外观检查。
(2)正确使用工具,尽量使用专用工具,严禁乱拆乱撬。
(3)在拆卸前应充分掌握所拆输油泵的特点。

四、操作步骤

活塞式输油泵的分解图如图 6-69 所示。
1. 拆下总成
(1)从输油泵上拆下进出输油管。
(2)拆下输油泵与高压油泵的连接螺母。
2. 分解活塞式输油泵
(1)从输油泵泵体上拆下卡环,拔出挺柱、滚轮弹簧和顶杆。
(2)拆下输油泵总成,取出进油阀弹簧及进油阀。
(3)拔出输油泵活塞杆销,取下输油泵手柄和输油泵弹簧。
(4)拆下输油泵盖,取出输油泵活塞组件。
(5)拆出出油管接头和接头座,取出出油阀弹簧和出油阀。
(6)旋出输油泵螺塞,取出活塞弹簧及活塞。
3. 装复活塞式输油泵
(1)将输油泵活塞组件装入输油泵体,拧紧输油泵盖。
(2)装上输油泵弹簧和输油泵手柄后,插上输油泵活塞杆销。

(3)装上进油阀弹簧及进油阀后,将输油油泵总成装入泵体。
(4)装上出油阀弹簧和出油阀后,拧紧出油管接头座,装上出油管接头。
(5)将活塞、活塞弹簧和螺塞装入泵体,并拧紧螺塞。
(6)装上顶杆、滚轮弹簧和挺柱,卡上卡环。

4. 活塞式输油泵的装车

(1)装上密封衬垫,装上输油泵,按规定力矩拧紧输油泵与高压油泵的连接螺母。
(2)装上进出输油管。

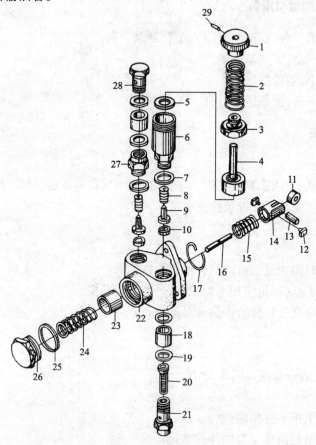

图6-69 活塞式输油泵分解图

1-输油泵手柄;2-输油泵弹簧;3-输油泵盖;4-输油泵活塞组件;5-密封圈;6-输油泵体;7-垫圈;8-进油阀弹簧;9-进油阀;10-进油座;11-滚轮;12-滑块;13-滚轮销;14-挺柱;15-滚轮弹簧;16-顶杆;17-卡环;18-防污套;19-垫圈;20-进油滤网;21-进油管接头;22-泵体;23-活塞;24-弹簧;25-垫圈;26-螺塞;27-出油管接头座;28-进油管接头;29-输油泵活塞杆销

项目七　润滑系统的结构与拆装

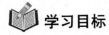学习目标

完成本项目学习后,你应当能:
1. 掌握润滑系统的作用、润滑方式。
2. 掌握润滑系统组成和油路。
3. 掌握润滑系统主要零部件的作用与结构。
4. 正确完成机油滤清器的拆装,并掌握拆装的技术要求。
5. 确完成机油泵和油底壳的拆装,并掌握拆装的技术要求。
6. 掌握查阅技术资料的方法。
7. 具有环保意识和知识,会处理废料。

建议课时:8课时。

课题一　润滑系统的结构与工作原理

一、润滑系统的作用及组成

润滑系统的作用是不断将洁净机油送到发动机各运动零件的表面上,并在摩擦表面形成薄薄的机油膜,从而减小零件的摩擦阻力,减轻零件的磨损。此外,润滑系统还具有清洁、冷却、密封、防锈、缓冲及减振等作用。

发动机润滑系统由油底壳、机油集滤器、机油泵、机油滤油器、主油道等组成,如图7-1所示。为了加强对活塞的润滑和冷却,有些发动机在汽缸体下端还设有喷油嘴。

二、发动机的润滑方式及润滑油路

发动机各零件的润滑方式取决于该零件的工作条件、相对运动速度及承受的载荷。现代发动机多采用压力润滑与飞溅润滑相结合的润滑方式。

压力润滑是将机油以一定的压力供入零件摩擦表面的润滑方式。这种方式主要用于曲轴主轴承、连杆轴承以及凸轮轴轴承等载荷较大的摩擦表面的润滑。

飞溅润滑是利用发动机运动零件旋转时飞溅起来的油滴润滑摩擦表面的润滑方式。这种方式应用于表面裸露的零件或载荷较小的摩擦表面,如活塞、活塞环、汽缸等。

图7-2所示为桑塔纳轿车发动机润滑系统油路示意图。

现代汽车发动机的油路大致相同。机油泵由发动机驱动,将油底壳内的机油经集滤

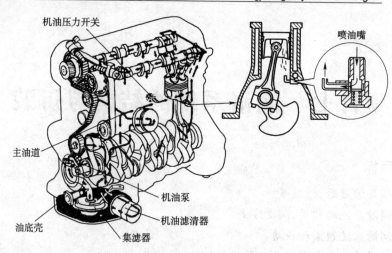

图 7-1 润滑系统的基本组成

器、机油滤清器输送到主油路,然后分流到曲轴主轴颈、连杆轴颈和凸轮轴轴颈进行润滑,再飞溅至各裸露的零件表面进行润滑,润滑结束后机油流回油底壳。

三、润滑系统主要部件的结构

1. 机油泵

机油泵其作用是提高机油压力,保证机油在润滑系统油路内不断循环。

1) 机油泵类型

机油泵根据结构和工作原理可分为齿轮式、转子式和叶片式等形式。现代轿车发动机润滑系统一般采用的机油泵主要为齿轮式(图7-3)和转子式(图7-4)两种。

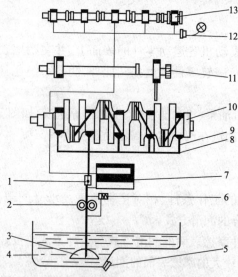

图 7-2 桑塔纳轿车发动机润滑系统油路示意图
1-旁通阀;2-机油泵;3-机油集滤器;4-油底壳;5-放油螺塞;6-限压阀;7-机油滤清器;8-主油路;9-油路;10-曲轴;11-中间轴;12-机油压力传感器;13-凸轮轴

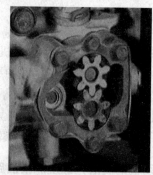

图 7-3 齿轮式机油泵

图 7-4 转子式机油泵

项目七 润滑系统的结构与拆装

2)机油泵工作原理

(1)齿轮式机油泵。齿轮式机油泵,如图7-5所示,由泵体、泵盖、主动齿轮、从动齿轮和限压阀组成。主动齿轮由曲轴驱动,发动机运转时,两啮合齿轮高速运转,齿轮外缘与泵体间形成空腔,机油从进油腔吸入经齿轮外缘与泵体间形成的空腔被送到出油腔。由于齿轮啮合作用,阻止了机油从出油室流回吸油室。

当轮齿进入啮合时,封闭在齿隙内的机油,压力急剧升高,使齿轮受到很大的推力,造成机油泵的磨损加剧。为此,在泵盖上加工一道卸压槽,使齿隙内被挤压的机油通过卸压槽流入出油腔。

(2)转子式机油泵。转子式机油泵,如图7-6所示,由泵体、泵盖、内转子和外转子组成。内转子为主动转子,与泵体偏心安装,内转子的齿数比外转子少一齿。当内转子驱动外转子转动时,内、外转子齿与齿的空间发生变化,当空间由小变大时,机油泵开始吸油,当空间由大变小时,机油便被送入润滑表面。

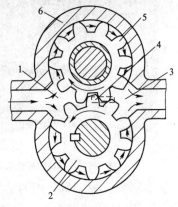

图7-5 齿轮式机油泵工作原理示意图
1-进油腔;2-机油泵主动齿轮;3-出油腔;
4-卸压槽;5-机油泵从动齿轮;6-机油泵体

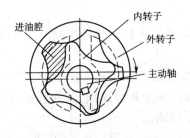  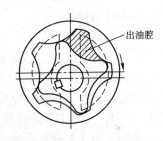

图7-6 转子式机油泵工作原理示意图

机油泵上还设有限压阀,如果油压力过高,机油便通过限压阀流回机油泵进油口。

(3)机油压力及压力警告灯。安装在润滑系统主油路上的机油压力传感器检测系统油压,当油压低于规定值(表7-1为部分常见车型发动机的机油压力),仪表板上的机油压力警告灯点亮,如图7-7所示。

常见车型发动机润滑系统机油压力　　　　　表7-1

车型及发动机型号	条 件	机油压力
丰田卡罗拉1ZR—FE	急速	≥25kPa
丰田卡罗拉1ZR—FE	发动机转速3000r/min	150~550kPa
桑塔纳AYJ	发动机转速2000r/min	200kPa
凯越L91或L97	急速发动机温度80℃	≥30kPa

2.机油集滤器

机油集滤器用于滤除机油中较大的机械杂质。机油集滤器多采用滤网式,安装在机油泵进油口,其作用是防止较大的机械杂质进入机油泵。

发动机工作时,机油从罩的缺口与滤网间的狭缝吸入,再通过滤网滤去油中较大的杂质后被吸入机油泵,如图7-8所示。当滤网被油污堵塞时,机油泵所形成的真空度迫使滤网上升使中间圆孔离开罩,机油便直接从圆孔进入吸油管,保证机油供给不致中断。

图7-7 汽车仪表板指示灯　　　　图7-8 机油集滤器

目前,汽车发动机所用的集滤器分为浮式和固定式两种。

浮式机油集滤器能浮在机油油面上,可吸取油面上层较清洁的机油,但也存在易将油面上的泡沫吸入机油泵,导致机油压力降低的缺点。

固定式机油集滤器固定在油面以下,吸入的机油清洁度较差,但可防止吸入泡沫,保证润滑系统的可靠工作,且结构也较简单,因此使用广泛。

3. 机油滤清器

机油滤清器的作用是滤除掉机油中的金属磨屑、机油氧化物和燃烧产物。由外壳、O形密封圈、旁通阀、纸质滤芯等组成,如图7-9所示。

机油自从机油泵泵出后进入机油滤清器,从滤芯外围经滤芯过滤后进入滤清器中央,然后再进入主油路。当滤芯堵塞时,滤芯外围油压升高,便顶开旁通阀,机油经旁通阀直接进入主油路,以防止发动机零件摩擦表面因滤芯堵塞而断油。

为了防止滤清器堵塞失效,滤芯必须定期进行更换,一般可在更换机油的同时进行。

4. 机油散热器

一些热载荷较大的发动机上,必须装有机油散热器,如图7-10所示,以对机油进行强制冷却。机油散热器有风冷式和水冷式两种形式。

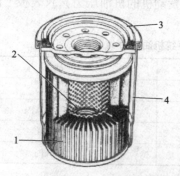

图7-9 机油滤清器　　　　　　　图7-10 机油散热器
1-纸质滤芯;2-旁通安全阀;3-O形密封圈;4-外壳

风冷式机油散热器一般安装在发动机冷却液散热器的前面,利用冷却风扇的风力使机油冷却。

水冷式机油散热器又称为机油冷却器,安装在发动机冷却水路中,用冷却液的温度来控制机油的温度。

5. 机油尺

机油尺用于检查油底壳内机油液面的高度进而掌握机油存量。它插在汽缸体边油面检查孔内。机油尺的一端刻有最高位刻线(MAX 或 F 标记)和最低位刻线(MIN 或 L 标记),如图 7-11 所示,机油的液面应处于两条刻线之间。

检查机油油面时,应将汽车停于水平位置,并在起动前或发动机熄火一段时间后进行检查,先拉出机油尺,擦净机油尺上的机油,重新插入检查孔内,然后拉出机油尺,检查油面高度。

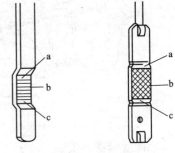

图 7-11 机油尺

a-不必加机油;b-可以加机油;c-必须加机油

课题二 机油滤清器的拆装

一、工具、设备和材料准备

(1) 丰田卡罗拉 1ZR-FE 轿车发动机总成(带拆装台架)。
(2) 组合工具一套,拆装机油滤清器专用工具,工具车一辆。
(3) 零件摆放架一个。

二、作业前准备

(1) 将发动机拆装台架放置可靠。
(2) 清洁工作台架及工具。
(3) 讲解安全注意事项和拆装注意事项。

三、注意事项

(1) 拆卸或安装机油滤清器时,应使用专用工具。
(2) 机油滤清器衬垫每次拆卸后都要更换。

四、操作步骤

1. 机油滤清器的拆卸

(1) 拧开发动机加油口盖。如图 7-12 所示,拧下油底壳放油螺塞,排放机油。

◎小提示:排放前应在发动机下放置接油盘。

(2) 用专用工具拆下机油滤清器,如图 7-13 所示。

2. 机油滤清器的检查

机油滤清器在更换机油时就应更换,更换周期在厂家使用说明书中有规定,一般为 5000~8000km。

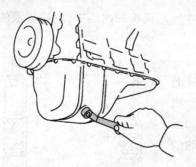
图7-12 排放机油

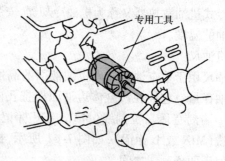
图7-13 拆下机油滤清器

3. 机油滤清器的安装

（1）清洗机油滤清器安装表面,在密封圈上涂上干净的机油,如图7-14所示。

◇小提示：安装机油滤清器时,应在密封圈上涂上干净的机油。若不涂机油,安装时密封圈与接合面发生干摩擦,密封圈易翘曲和损坏,造成密封不良而漏油。

（2）用手轻轻拧进机油滤清器,直到感觉有阻力为止,再用专用工具拧紧机油滤清器3/4圈,如图7-15所示。

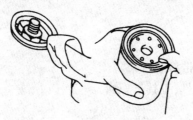
图7-14 密封圈上涂机油

图7-15 拧紧机油滤清器

课题三　机油泵和油底壳的拆装

一、工具、设备和材料准备

（1）丰田卡罗拉1.6L轿车发动机总成（带拆装台架）。
（2）组合工具一套,扭力扳手,工具车一辆。
（3）零件摆放架一个。

二、作业前准备

（1）将发动机拆装台架放置可靠。
（2）清洁工作台架及工具。
（3）讲解安全注意事项和拆装注意事项。

三、注意事项

（1）拆卸前应注意观察曲轴、凸轮轴正时齿轮上的标记。
（2）在拆卸正时链盖时,应注意不要损坏正时链盖与汽缸体和汽缸盖的接触面。

项目七　润滑系统的结构与拆装

(3)螺栓必须按规定顺序及力矩拧紧。

四、操作步骤

丰田卡罗拉1.6L发动机润滑系统的分解图如图7-16所示。

(一)机油泵和油底壳的拆卸

1. 拆卸正时链盖

正时链盖分解图和图7-17所示。

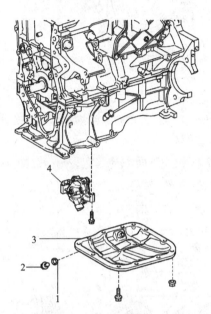

图7-16　丰田卡罗拉1.6L发动机润滑系统
1-O形密封圈;2-放油螺塞;3-小油底壳;4-机油泵

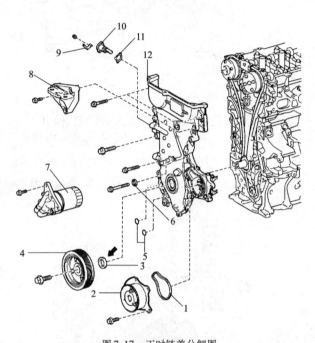

图7-17　正时链盖分解图
1-水泵衬垫;2-水泵;3-前油封;4-曲轴带轮;5-O形密封圈;6-密封垫圈;7-机油滤清器支架;8-发动机右悬置支架;9-支架;10-1号正时链张紧器;11-衬套;12-正时链盖

(1)拆下汽缸盖罩固定螺栓,取出密封垫圈和汽缸盖罩及衬垫,如图7-18所示。

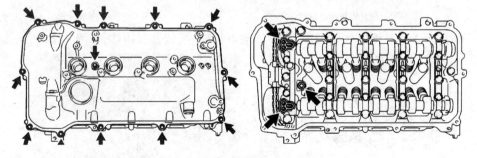

图7-18　拆下汽缸盖罩

◇小提示:拆卸汽缸盖罩时注意不要将衬垫掉进发动机,衬垫可能会粘附到汽缸盖罩。

(2)转动曲轴带轮,直到曲轴带轮上的凹槽与正时链盖上的正时标记"0"对准,如图7-19所示。

(3) 检查并确认凸轮轴正时齿轮和链轮上的各正时标记和位于 1 号和 2 号轴承盖上的各正时标记是否可靠对准。如果没有对准，则转动曲轴 1 圈（360°），对准正时标记。

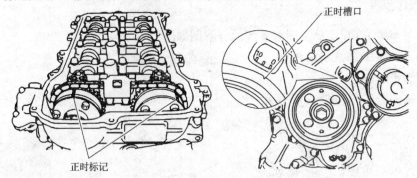

图 7-19 带轮一缸上止点记号

(4) 用带轮拆卸专用工具固定带轮，松开带轮固定螺栓，如图 7-20 所示。

◇小提示：安装专用工具时要检查其安装位置，以防专用工具安装螺栓时接触正时链盖。

(5) 用带轮拆卸专用工具拆下曲轴带轮和带轮固定螺栓，如图 7-21 所示。

◇小提示：如有必要，用带轮拆卸专用工具拆下带轮和带轮固定螺栓。

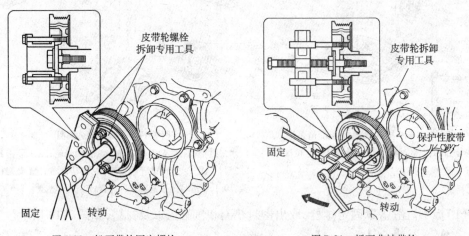

图 7-20 松开带轮固定螺栓　　　图 7-21 拆下曲轴带轮

(6) 拆下 1 号正时链张紧器固定螺母，取下托架、张紧器和衬垫，如图 7-22 所示。

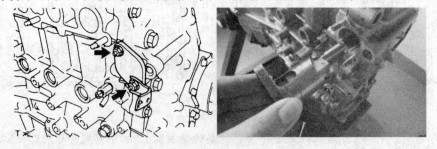

图 7-22 拆下 1 号正时链张紧器总成

◇小提示：不要在不使用正时链张紧器的情况下转动曲轴。

项目七 润滑系统的结构与拆装

(7)拆下机油滤清器支架固定螺栓,取下机油滤清器支架及密封圈,如图7-23所示。

(8)按顺序松开并拆下正时链盖螺栓,如图7-24所示。

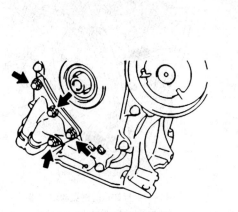

图7-23 拆下机油滤清器 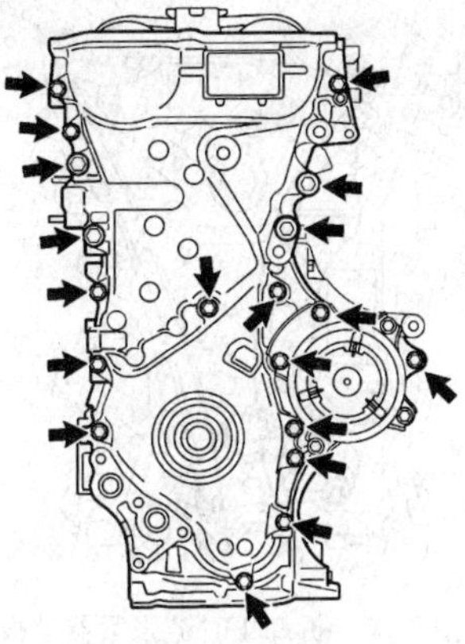　　　　图7-24 拆下正时链盖螺栓

(9)用螺丝刀撬动正时链盖和汽缸盖或汽缸体之间的部位,拆下正时链盖。

◈小提示:①注意不要损坏正时链盖、汽缸体和汽缸盖的接触面。
②使用螺丝刀之前,请在螺丝刀头部缠上胶带。

2. 拆卸正时链

正时链分解图如图7-25所示。

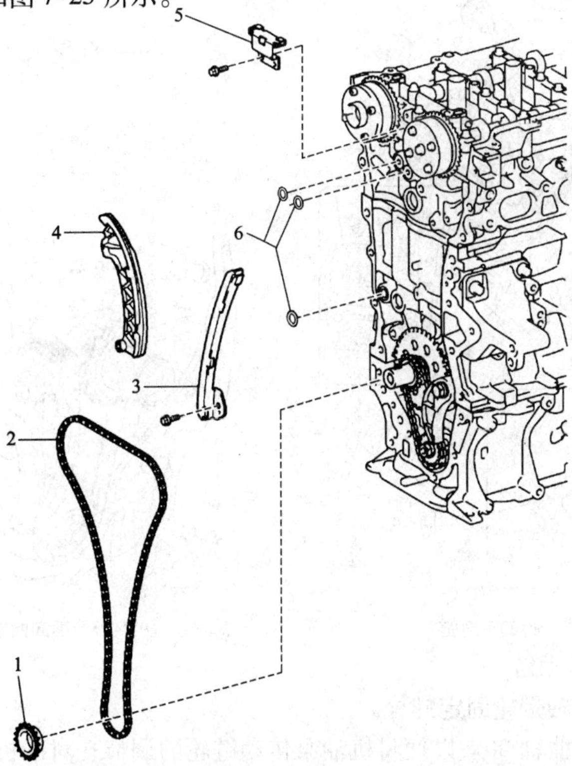

图7-25 正时链分解图

1-曲轴正时链轮;2-正时链;3-正时链振动阻尼器;4-正时链张紧器导板;5-2号正时链振动阻尼器;6-O形密封圈

（1）拆卸正时链张紧器导板，如图7-26所示。
（2）拆下固定螺栓，取下1号正时链振动阻尼器，如图7-27所示。

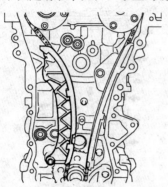

图7-26　拆卸正时链张紧器导板

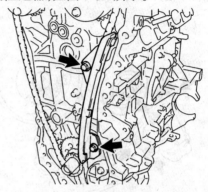

图7-27　拆卸正时链振动阻尼器

（3）用扳手固定住凸轮轴的六角头部分，并逆时针旋转凸轮轴正时齿轮总成，以松开凸轮轴正时齿轮之间的正时链。将正时链从凸轮轴正时齿轮总成上松开，并将其放置在凸轮轴正时齿轮上。顺时针转动凸轮轴，使其回到原来位置，并拆下正时链，如图7-28所示。

◇小提示：确保将正时链从链轮上完全松开。

（4）用专用工具卸下曲轴正时链轮，如图7-29所示。

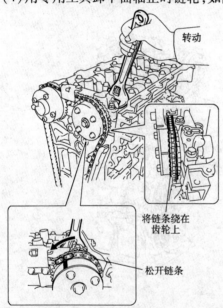

图7-28　拆卸正时链

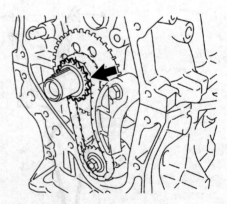

图7-29　拆卸曲轴正时链轮

3.拆卸机油泵传动链

（1）暂时紧固曲轴带轮固定螺栓。
（2）顺时针转动曲轴90°，以便将机油泵传动链轮的调节孔对准机油泵槽口。

◇小提示：曲轴旋转不要超过90°。如果曲轴转动过多且没有安装正时链，气门可能会碰撞到活塞并造成损坏。

(3)拆下曲轴带轮固定螺栓,如图7-30所示。

(4)将一个直径为3mm杆插入机油泵传动链轮的调节孔,以便将链轮临时锁止,然后拆下螺母,如图7-31所示。

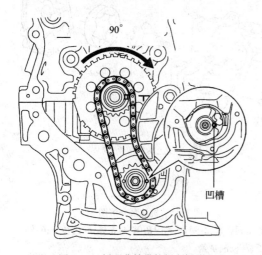

图7-30 拆下曲轴带轮固定螺栓

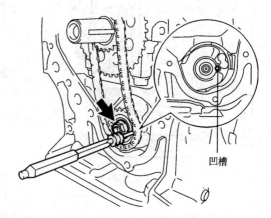

图7-31 拆下油泵固定螺母

(5)拆下张紧器固定螺栓,取下传动链张紧器和弹簧,如图7-32所示。

(6)拆下曲轴正时链轮、机油泵传动链和机油泵传动链轮,如图7-33所示。

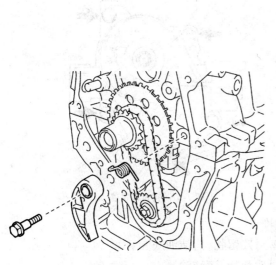

图7-32 拆下螺栓、正时链张紧器和弹簧

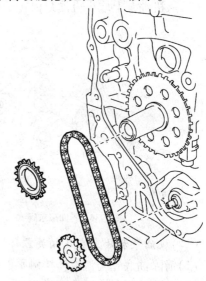

图7-33 拆下曲轴正时链轮、机油泵传动链轮和机油泵传动链

4.拆卸机油泵总成

(1)拆下小油底壳固定螺栓和螺母,卸下小油底壳。

(2)拆下机油泵固定螺栓,取下机油泵,如图7-34所示。

5.分解机油泵

机油泵分解图如图7-35所示。

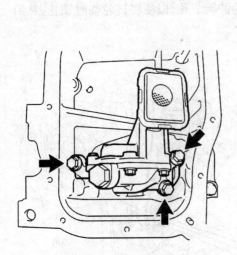

图7-34 拆下机油泵

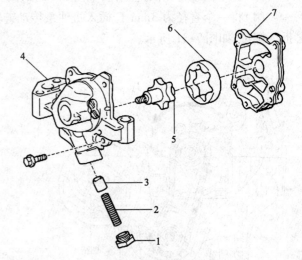

图7-35 机油泵分解图

1-限压阀螺塞；2-弹簧；3-限压阀；4-泵体；5-内转子；6-外转子；7-机油泵盖

(1)拆下限压阀螺塞,取出弹簧和限压阀,如图7-36所示。
(2)拆下机油泵盖固定螺栓,如图7-37所示,取下机油泵盖。
(3)从机油泵上取出机油泵内转子和外转子。

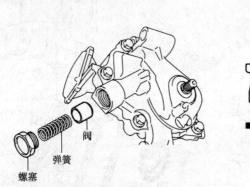

图7-36 拆卸限压阀

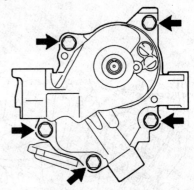

图7-37 拆机油泵盖

(二)机油泵和油底壳及相关零件的清洁检查

(1)清除油底壳与汽缸体接触平面间的密封残留物,清洁油底壳。
(2)清除油泵与汽缸体接触平面间的密封残留物,清洁油泵。
(3)清洁正时链,按规定检查正时链的磨损情况。
(4)检查机油泵。

①检查机油泵限压阀。在机油泵限压阀上涂抹一层发动机机油,限压阀应能依靠自身重力徐徐滑入阀孔中,如图7-38所示。

②用塞尺测量内转子和外转子的顶部间隙,如图7-39所示,该间隙应不大于0.35mm。

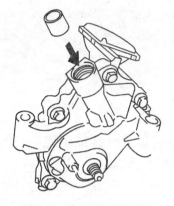 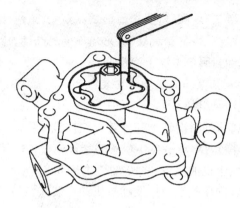

图7-38 检查机油泵限压阀　　　　图7-39 测量内转子和外转子的顶部间隙

③用塞尺和刀口尺测量转子侧隙,如图7-40所示,该侧隙应不大于0.16mm。

④用塞尺测量外转子和机油泵体间的间隙,如图7-41所示,该间隙应不大于0.325mm。

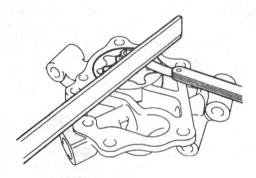 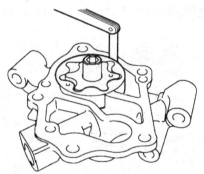

图7-40 测量转子侧隙　　　　图7-41 测量外转子和机油泵体间的间隙

(5)更换正时链条盖油封。

①将正时链条盖放在木块上,用螺丝刀撬出油封,如图7-42所示。

◇小提示:使用螺丝刀之前,在螺丝刀头部缠上胶带。不要损坏油封座的表面。

②使用专用工具敲入一个新的油封,直到其表面与正时链条盖边缘平齐(图7-43)。

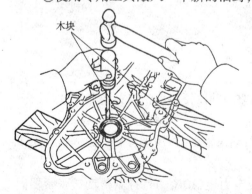 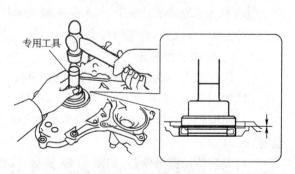

图7-42 撬出旧油封　　　　图7-43 装上新油封

◆小提示：安装时，使唇口远离异物，以免损坏油封。
安装时，油封不要斜放，以免损坏油封凸缘。

③在油封唇口上涂上润滑脂。

（三）机油泵和油底壳的安装

1. 机油泵组装

（1）将机油泵内转子和外转子涂抹机油后放入机油泵。

◆小提示：内转子和外转子的标记朝向机油泵盖侧，如图7-44所示。

（2）装上机油泵盖，并按规定力矩（8.8N·m）拧紧固定螺栓。

（3）在限压阀上涂抹发动机机油后装入泵体，装上弹簧和螺塞，并用规定力矩（49N·m）拧紧螺塞。

2. 安装机油泵总成

（1）装上机油泵和机油泵固定螺栓，如图7-45所示，并按规定力矩（21N·m）固定螺栓。

◆小提示：不要将油滴在汽缸体和油底壳的接触面上。

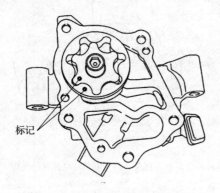

图7-44 内转子和外转子的标记朝向泵盖

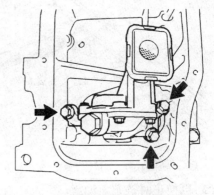

图7-45 安装机油泵

（2）在油底壳上涂抹一条连续的密封胶，装上小油底壳，并按规定力矩（10N·m）拧紧油底壳固定螺栓，如图7-46所示。

◆小提示：①涂抹密封胶前，清除接触面的所有机油。

②涂抹密封胶后3min内安装油底壳。

③安装油底壳后，至少2h内不要起动发动机。

（3）安装1号曲轴位置信号盘。

3. 安装机油泵传动链

（1）如图7-47所示，装上曲轴传动键，并转动驱动轴以便切口朝向右水平位置。

（2）如图7-48所示，使传动链黄色标记对准每个齿轮的正时标记。

（3）用齿轮上的传动链将链轮安装到曲轴和机油泵轴上，并用螺母暂时紧固机油泵传动链轮。

（4）安装传动链张紧器，如图7-49所示，按规定力矩（10N·m）拧紧传动链张紧器固定螺栓。

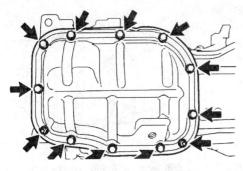

图 7-46 安装小油底壳

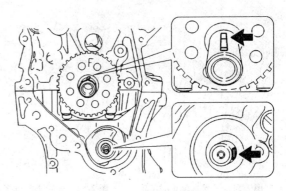

图 7-47 安装曲轴传动键

(5)将机油泵传动链轮的调节孔对准机油泵槽,并用一个直径为 4mm 的杆插入机油泵传动链轮的调节孔以便将链轮锁定就位,然后按规定力矩(28N·m)拧紧螺母,如图 7-50 所示。

4. 安装曲轴正时链

(1)装上曲轴正时链轮,如图 7-51 所示。

(2)装上正时链振动阻尼器,按规定力矩(21N·m)拧紧正时链振动阻尼器固定螺栓,如图 7-52 所示。

(3)检查 1 号汽缸压缩上止点记号。暂时紧固曲轴带轮固定螺栓,逆时针转动曲轴,以使正时齿轮键位于顶部,如图 7-53 所示。然后拆下曲轴带轮固定螺栓。

(4)检查每个凸轮轴正时齿轮上的正时标记,如图7-54所示。

(5)如图 7-55 所示,将标记板(橙色)和正时标记对准并安装正时链。

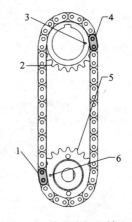

图 7-48 检查对准正时标记

1-传动链黄色标记;2-曲轴传动链轮;3-链轮正时标记;4-传动链黄色标记;5-机油泵传动链轮;6-链轮正时标记

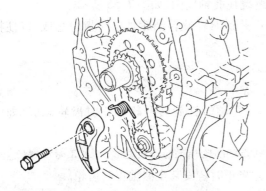

图 7-49 安装正时链张紧器盖板

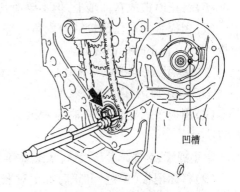

图 7-50 紧固机油泵链轮固定螺母

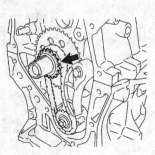  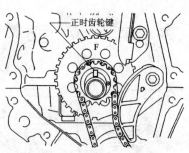

图7-51 安装曲轴正时链轮　　图7-52 安装正时链振动阻尼器　　图7-53 位于顶部的正时齿轮键

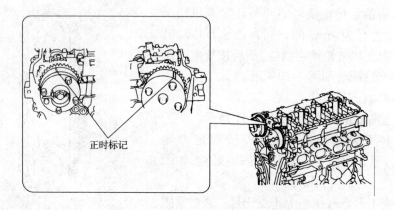

图7-54 查凸轮轴正时齿轮正时标记

◇小提示：
①确保使标记板位于发动机前侧。
②凸轮轴侧的标记板为橙色。
③不要使正时链缠绕在凸轮轴正时齿轮总成的链轮周围。只可将其放置在链轮上。
④将正时链穿过1号振动阻尼器。

（6）将正时链放在曲轴上，但不要使其缠绕在曲轴周围，如图7-56所示。

（7）用扳手固定住凸轮轴的六角头部分，并逆时针旋转凸轮轴正时齿轮总成，以使标记板（橙色）和正时标记对准。

◇小提示：①确保使标记板位于发动机前侧。
②凸轮轴侧的标记板为橙色。

（8）用扳手固定住凸轮轴的六角头部分，并顺时针旋转凸轮轴正时齿轮总成，如图7-57所示。

◇小提示：为了张紧正时链，缓慢地顺时针旋转凸轮轴正时齿轮总成，防止正时链错位。

（9）将标记板（橙色）和正时标记对准，并将正时链安装至曲轴正时齿轮。

◇小提示：曲轴侧的标记板为黄色。

（10）在一缸上止点压缩位置时，重新检查每个正时标记。

(11) 安装正时链张紧器导板,如图 7-58 所示。

(12) 将新正时链盖密封圈装在正时链盖上。

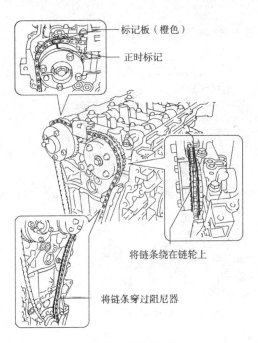

图 7-55 安装正时链

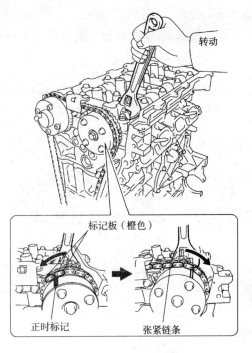

图 7-57 调整正时链

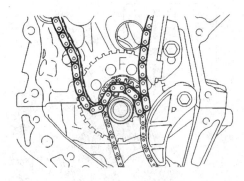

图 7-56 正时链放置位置

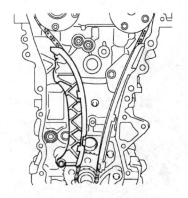

图 7-58 安装正时链张紧器导板

(13) 按如图 7-59 所示的拧紧力矩和螺栓拧紧顺序安装正时链盖。

力矩要求:螺栓 A、E 为 26N·m;螺栓 B 为 51N·m;螺栓 C 为 51N·m;螺栓 D 为 10 N·m。

(14) 安装新机油滤清器支架密封圈,并用螺栓暂时紧固机油滤清器支架,如图 7-60 所示。

(15) 用曲轴带轮固定螺栓拆装专用工具固定带轮,按规定力矩(190N·m)拧紧带轮固定螺栓,如图 7-61 所示。

◆小提示：安装专用工具时，要检查其安装位置，以防止专用工具安装螺栓接触正时链盖。

（16）松开正时链张紧器的棘轮爪，然后完全推入柱塞，将挂钩固定在销上，以使柱塞位于图示位置，如图7-62所示。

◆小提示：确保凸轮固定在柱塞的第一个齿上，使挂钩穿过销。

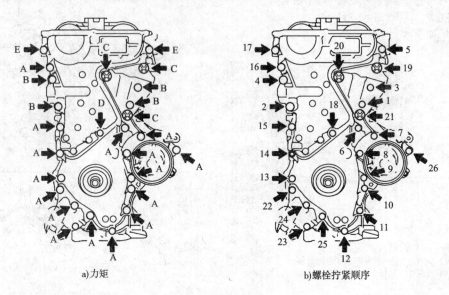

a)力矩　　　　　　　　　　　　b)螺栓拧紧顺序

图7-59　安装正时链盖

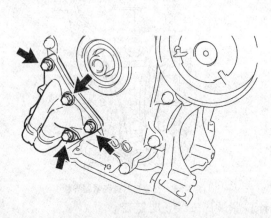

图7-60　暂时紧固机油滤清器支架

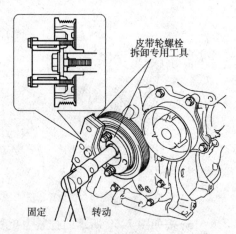

图7-61　安装带轮

（17）将正时链张紧器安装在正时链盖上，如图7-63所示，并按规定力矩（10N·m）拧紧正时链张紧器固定螺栓。

◆小提示：如果安装正时链张紧器时挂钩松开柱塞，重新固定挂钩。

（18）更换新汽缸盖罩密封垫圈并装上汽缸盖罩，并按规定力矩（10N·m）拧紧汽缸盖罩固定螺栓，如图7-64所示。

‖项目七　润滑系统的结构与拆装‖

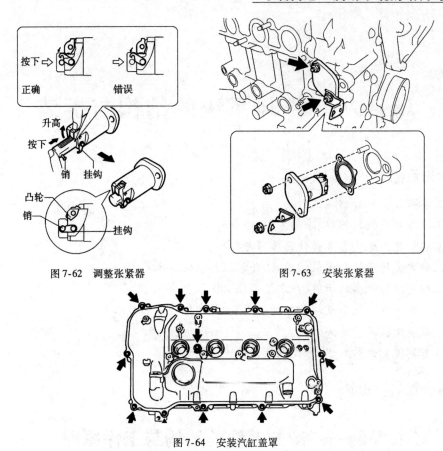

图 7-62　调整张紧器　　　　图 7-63　安装张紧器

图 7-64　安装汽缸盖罩

项目八　冷却系统的结构与拆装

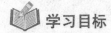学习目标

完成本项目学习后,你应当能:
1. 掌握冷却系统的作用、冷却方式、组成和循环。
2. 掌握冷却系统主要零部件的作用与结构。
3. 正确完成传动带和水泵的拆装,并掌握拆装的技术要求。
4. 正确完成节温器的拆装,并掌握拆装的技术要求。
5. 正确完成电子风扇及温控开关的拆装,并掌握拆装的技术要求。
6. 掌握查阅技术资料的方法。
7. 具有环保意识和知识,会处理废料。

建议课时:6课时。

课题一　冷却系统的结构与工作原理

一、冷却系统的作用和冷却方式

冷却系统的作用使发动机得到适度的冷却,并保持其在最适宜的温度范围内工作。过度冷却或冷却不足将对发动机造成不良的后果,见表8-1。

发动机过度冷却或冷却不足的危害　　　　表8-1

冷却程度	后　　果
冷却过度	热量散失过多,增加燃油消耗,冷凝在汽缸壁上的燃油流到曲轴箱中稀释机油,磨损加剧
冷却不足	发动机过热,充气量减少,燃烧不正常,发动机功率下降,润滑不良,加剧磨损

根据冷却介质不同,发动机的冷却方式分为风冷和水冷,如图8-1所示。目前大多数汽车采用水冷。

1. 水冷式

以水为介质,使受热零件的热量先传给水,由水的循环再经过散热器散入大气。

2. 风冷式

利用高速空气流直接吹过缸体及缸盖表面,把热量散发到大气中去。

项目八　冷却系统的结构与拆装

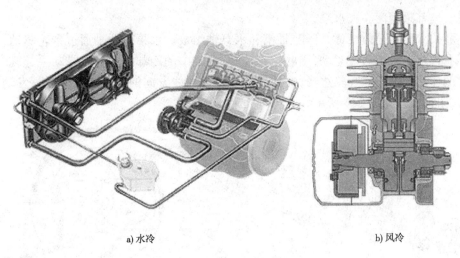

a) 水冷　　　　　　　　　b) 风冷

图 8-1　发动机冷却方式

二、水冷却系统的组成和工作循环

现在的发动机大多采用强制水冷系统,如图 8-2 所示。主要由散热器和散热器盖、冷却风扇、水泵、节温器、水套和水管等部件组成。

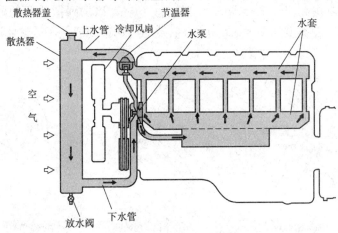

图 8-2　水冷却系统工作循环

发动机工作时,由曲轴通过传动带驱动水泵转动,将冷却液从散热器经下水管吸入并加压,经分水管流入发动机缸体中。冷却液吸收了汽缸壁的热量,温度升高,经过节温器,经上水管流入散热器内,由于风扇的强烈抽吸和汽车的高速行驶,冷却液在流经散热器芯部的过程中不断地将热量传给散热器,然后散发到大气中,散热后的冷却液又在水泵的作用下再次进入缸体。

冷却液的循环方式及路线随着发动机工作温度的变化而改变。

三、水冷却系统主要部件的结构

1. 水泵

水泵的结构如图 8-3 所示。作用是对冷却液加压,使之在冷却系统中循环流动。汽车发动机一般都采用离心式水泵。

离心式水泵主要由泵体、叶轮、轴承和水泵轴组成。水泵由曲轴通过带轮驱动,现代汽车还有通过正时齿形带驱动,当叶轮旋转时,水泵中的冷却液被叶轮带动一起旋转,在离心力的作用下被甩向叶轮边缘,经外壳与叶轮成切线方向的出水管被压送到发动机的分水管,工作原理如图8-4所示。

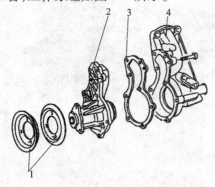
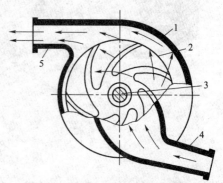

图8-3 水泵的结构
1-风扇传动带轮;2-水泵;3-密封衬套;4-泵壳

图8-4 离心式水泵的工作原理
1-水泵壳体;2-叶轮;3-水泵轴;4-进水管;5-出水管

2. 风扇

风扇的作用是提高流经散热器的空气流速和流量,以增强散热器的散热能力并冷却发动机附件。风扇的类型如图8-5所示,目前发动机均采用尼龙压铸整体风扇。

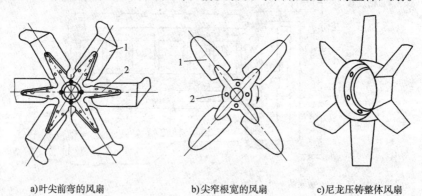

a)叶尖前弯的风扇　　b)尖窄根宽的风扇　　c)尼龙压铸整体风扇

图8-5 风扇的类型
1-叶片;2-连接板

风扇的驱动的方式有直接驱动式、风扇离合器式、电动风扇。

风扇常和发电机一起通过传动带(有些车辆采用多楔带)由曲轴带轮驱动。一般将发电机的支架做成可移动式的,以便于调节传动带的松紧度,如图8-6所示。风扇传动带必须松紧适宜,若过松,则会造成传动带打滑,风扇与水泵的转速下降,扇风量和泵水量减小,使发动机过热;若传动带过紧,将增加轴承和传动带的磨损,功率损耗增加。

1)直接驱动式

风扇直接由水泵带轮驱动,发动机起动后,不论冷却液温度高低,风扇一直转动,不能根据发动机的需要进行调节。噪声大,油耗高,为早期发动机冷却系统使用。

项目八 冷却系统的结构与拆装

2) 风扇离合器

风扇离合器安装在水泵与风扇之间,曲轴传动带先带动水泵带轮,经风扇离合器后带动风扇转动。

如图8-7所示为硅油式风扇离合器,由水泵带轮驱动的主动板、连接风扇的从动板、双金属感温器、具有黏性的硅油等组成。从动板上有进油孔,受双金属感温器控制,硅油存于储油腔内。当冷却液温度较低时,进油孔关闭,储油腔内的硅油不能进入工作腔,离合器分离,风扇低速旋转或不转动。当冷却液温度较高时,双金属感温器受热变形,进油孔打开,硅油进入工作腔,利用硅油的黏性使离合器接合,风扇转速迅速升高。

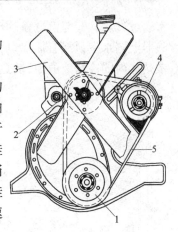

图8-6 风扇的驱动
1-曲轴带轮;2-水泵带轮;3-风扇;
4-发电机带轮;5-传动带

3) 电动风扇

电动风扇如图8-8所示,由风扇及风扇护罩、风扇电动机和装在散热器上的温控开关等组成。风扇由风扇电动机驱

a) 硅油风扇离合器外形

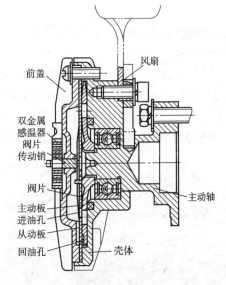

b) 硅油风扇离合器结构

图8-7 硅油风扇离合器

动,受冷却液温度控制的温控开关控制风扇的转动,不受发动机转速的影响,从而提高整车的经济性。

当冷却液温度较低时,温控开关断开,风扇不转动,从而缩短了发动机的暖机时间。当冷却液温度较高时,温控开关触点闭合,风扇旋转,冷却液温度下降。温控开关切断温度一般为83~92℃,接通温度为88~97℃。

3. 散热器

散热器安装在汽车前方,这样有利于冷却液的散热。

散热器结构如图8-9所示,由上储水室、下储水室、散热器芯、散热器盖组成。上储水室通过进水软管与汽缸盖的出水口相连,下储水室通过出水软管与水泵的进水口相连,散热器上储水室顶部有加水口,并用散热器盖密封,下储水室设有放水开关,可根据需要将散热器内的冷却液放掉,散热器芯由许多冷却管和散热片组成。

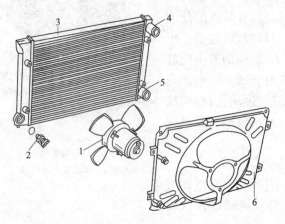

图 8-8　电动风扇

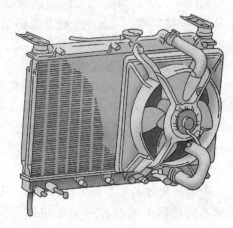

图 8-9　散热器

1-电动风扇;2-温控开关;3-散热器;4-上水管;5-下水管;6-风扇护罩

发动机工作时,进入上储水室的高温冷却液通过冷却管流向下储水室的过程中,被从散热器芯缝隙中流过的空气冷却,温度降低后的冷却液又被水泵抽吸到发动机水套循环使用。

散热器根据水流方向分为横流式(图 8-10)和纵流式(图 8-11)。现代轿车普遍采用横流式。

图 8-10　纵流式散热器

图 8-11　横流式散热器

散热器盖的作用是使冷却系保持一定的压力,提高冷却液的沸点。如图 8-12 所示,散热器上设有蒸气阀和空气阀两个止回阀,当散热器内部压力大于规定值时,蒸气阀打开,高压气体及冷却液由溢流管流出,进入冷却液膨胀箱,以防止冷却液流失。当由于冷却液温度降低造成散热器内压力降低时,此时空气阀打开,冷却液膨胀箱的冷却液流回散热器内,以防止散热器或水管塌陷。

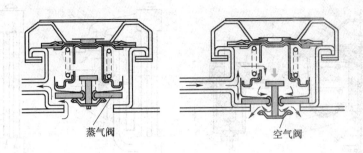

蒸气阀　　　　　　　空气阀

图 8-12　散热器盖

4. 冷却液膨胀箱

现代汽车常在散热器旁设置一个用透明塑料制成的冷却液膨胀箱,如图 8-13 所示,上面刻有高、低两条线,发动机工作时,冷却液膨胀箱内的冷却液应在两条刻度线之间,冷却液膨胀箱通过橡胶软管与散热器加水口相连。

5. 节温器

节温器的作用是根据发动机载荷和冷却液温度的高低,自动改变冷却液的循环路线及流量。目前汽车上多采用蜡式节温器,外形如图 8-14 所示。节温器大多安装在汽缸盖的出水口处。

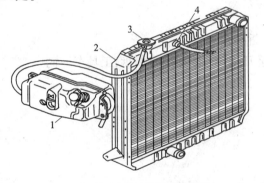

图 8-13　带冷却液膨胀箱的散热器
1-冷却液膨胀箱;2-散热器;3-散热器盖;4-液位传感器

图 8-14　蜡式节温器外形

蜡式节温器的结构与工作原理如图 8-15 所示。节温器的上支架和下支架与阀座铆成一体。中心杆上端固定在上支架的中心,其下部插入橡胶管的中心孔内,中心杆下端呈锥形。橡胶管与感应体外壳之间的空腔里装有石蜡。感应体外壳上下部有联动的主阀门和旁通阀门。

节温器的工作原理。当冷却液温度低于 76℃ 时,节温器中的石蜡呈固体,弹簧把主阀门推向上方,使之压在阀座上,主阀门关闭;而旁通阀随着主阀门上移而打开,来自发动机缸盖出水口的冷却液,不经过散热器,通过水泵又流回汽缸体水套中,进行小循环,如图 8-16a)所示,从而防止发动机过冷。当冷却液温度超过 76℃ 时,石蜡开始溶化,体积膨胀产生压力,并作用在推杆上,但推杆固定在支架上不能动,其反作用力克服弹簧的预压力,主阀门开始打开。水温超过 86℃ 时,主阀门全开,同时旁通阀关闭了小循环通路,这时来自汽缸盖出水口的冷却液全部进入散热器冷却,进行大循环,如图 8-16b)所示。

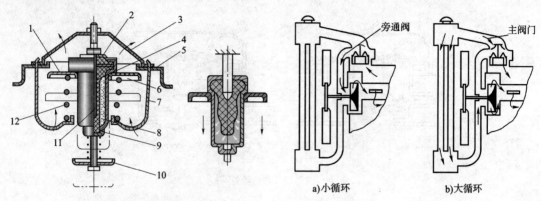

图8-15 节温器的结构与工作原理
1-主阀门;2-盖和密封垫;3-上支架;4-橡胶管;5-阀座;
6-通气孔;7-下支架;8-石蜡;9-感应体;10-旁通阀;
11-中心杆;12-弹簧

图8-16 冷却系统大小循环

课题二 传动带和水泵的拆装

一、工具、设备和材料准备

(1)桑塔纳整车或AYJ发动机(带拆装台架)。
(2)组合工具一套,扭力扳手,螺丝刀,钳子,冷却液收集盘,工具车一辆。
(3)零件摆放架一个。

二、作业前准备

(1)将发动机拆装台架放置可靠。
(2)清洁工作台架及工具。
(3)讲解安全注意事项和拆装注意事项。

三、注意事项

(1)在热态时不可立即旋下冷却液膨胀箱盖子,以防蒸气喷出。
(2)冷却液有毒,排出时应用专用的冷却液收集盘收集。
(3)切勿混用不同牌号的冷却液。

四、操作步骤

(一)传动带和水泵的拆卸
桑塔纳轿车AYJ发动机冷却系统布置如图8-17所示。
1.放净冷却液
(1)打开仪表板上的暖风控制阀,在冷却液膨胀箱盖子上盖一块抹布,如图8-18所示,小心地旋开盖子。

项目八　冷却系统的结构与拆装

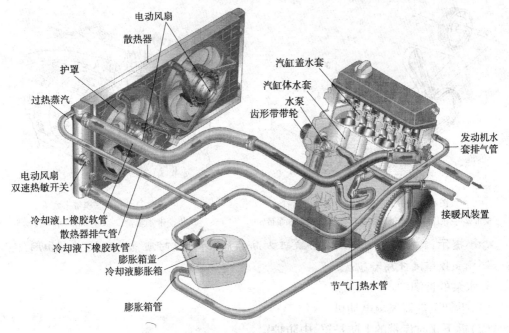

图8-17　冷却系统布置图

◇小提示：在热态时不可立即取下盖子，防止蒸汽喷出。

（2）在发动机下放置一个干净的冷却液收集盘。

（3）松开夹箍，如图8-19所示，拔下散热器的下水管，放出冷却液。

◇小提示：严禁使用一字螺丝刀等尖锐器具拆卸水管；下水管即将脱开时要防止冷却液烫伤。

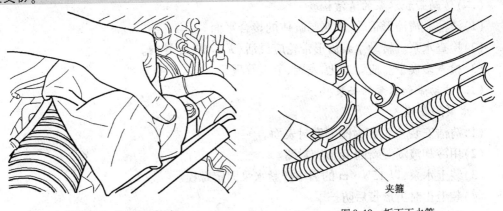

图8-18　拧下膨胀箱盖　　　　　　图8-19　拆下下水管

2. 驱动水泵多楔带的拆卸

驱动水泵多楔带分解图如图8-20所示。

（1）用17号开口扳手卡住多楔带张紧轮的调整凸块，用力向发电机侧扳动扳手使张紧机构顺时针转动一定角度，如图8-21所示。

（2）当张紧轮的定位孔与其支架上的挡块对齐时，将定位销插入定位孔中，松开工具。

（3）拆下多楔带。

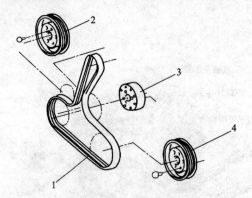

图 8-20 拆卸水泵驱动多楔带
1-多楔带;2-空调压缩机带轮;3-张紧轮;4-动力转向油泵带轮

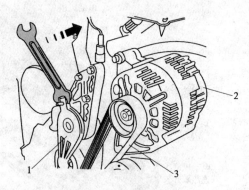

图 8-21 松开多楔带张紧轮
1-传动带张紧轮;2-发电机;3-水泵传动带

◆小提示：多楔带拆下前应做好旋转方向的标记，装复时应保持旋转方向相同，否则将会影响多楔带的使用寿命。

3．水泵的拆卸

（1）拆卸散热器风扇电动机。

（2）拆下正时齿带的上防护罩、中防护罩。

（3）将曲轴调整到第一缸上止点位置。

（4）从凸轮轴正时齿形带轮上拆下正时齿形带，但不必拆下曲轴带轮。保持正时齿形带在曲轴正时齿带轮上的位置。

（5）拆下正时齿形带后防护罩。

（6）如图 8-22 所示，拆下水泵固定螺栓，小心取出水泵。

（二）传动带和水泵的清洁检查

（1）清洁。清洁齿形带轮、水泵与缸体的接合平面。

（2）检查水泵。转动水泵齿形带轮应灵活、无卡滞、无异响。

（3）检查多楔带。应无老化、发硬、龟裂等现象。

（三）传动带和水泵的安装

1．水泵的安装

（1）清洁安装 O 形密封圈的密封表面。

（2）用冷却液浸湿新的 O 形密封圈。

（3）装上水泵，以 15N·m 的力矩拧紧水泵固定螺栓。

（4）装上正时齿形带后防护罩。

（5）装上正时齿形带，并调整好松紧度。

2．加注冷却液

（1）加注冷却液至冷却液膨胀箱上、下刻度线之间，如图 8-23 所示。

（2）旋紧冷却液膨胀箱盖。

（3）使发动机运转 5~7min。

（4）再次检查冷却液液面，必要时补充冷却液到上、下刻度线之间。冷却液加注量为 3.5~4.0L。

项目八　冷却系统的结构与拆装

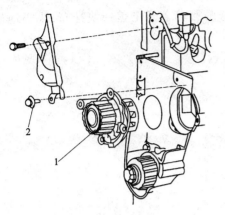

图 8-22　拆下水泵
1-水泵;2-水泵固定螺栓

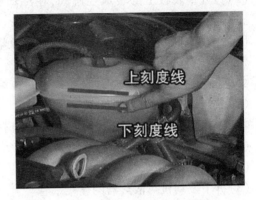

图 8-23　冷却液膨胀箱上、下刻度线

课题三　节温器的拆装

一、工具、设备和材料准备

(1)桑塔纳整车或 AYJ 发动机(带拆装台架)。
(2)组合工具一套,扭力扳手,螺丝刀,钳子,冷却液收集盘,工具车一辆。
(3)零件摆放架一个。

二、作业前准备

(1)将发动机拆装台架放置可靠。
(2)清洁工作台架及工具。
(3)讲解安全注意事项和拆装注意事项。

三、注意事项

(1)在热态时不可立即旋下膨胀箱盖子,以防蒸汽喷出。
(2)冷却液有毒,排出时应用专用的冷却液收集盘收集。
(3)切勿混用不同牌号的冷却液。
(4)安装时 O 形密封圈必须更换。

四、操作步骤

1. 节温器的拆卸

节温器安装位置如图 8-24 所示。
(1)把发动机可靠固定在专用拆装台架上。

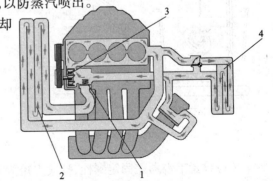

图 8-24　节温器安装位置
1-节温器;2-散热器;3-水泵;4-热交换器

(2)打开仪表板上的暖风控制阀,在冷却液膨胀箱盖子上盖一块抹布,小心地旋开盖子。

(3)在发动机下放置一个干净的冷却液收集盘。

(4)松开夹箍,拔下散热器的下水管。

◆小提示:严禁使用一字螺丝刀等尖锐器具拆卸水管。

(5)放出冷却液。

◆小提示:下水管即将脱开时要防止冷却液烫伤。

(6)拆下水泵传动带。

(7)拆下发电机。

(8)拆下发动机与散热器的连接水管。

(9)如图8-25所示,松开节温器盖固定螺栓,取下节温器盖、O形密封圈及节温器。

◆小提示:如取节温器困难,可用橡胶锤振动取下,严禁使用螺丝刀或铁锤砸。

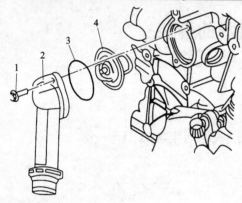

2. 节温器清洁检查

(1)检查节温器:将节温器放入水杯中,观察节温器阀门开启温度和升程。节温器开始打开时温度为(87±2)℃,在102℃时全开,节温器最大升程约为8mm,如图8-26所示。

(2)清洁节温器座上的腐蚀物、胶质和节温器盖上的胶质等,保持节温器及盖的接触面清洁、平整。

3. 节温器的安装

(1)按正确安装方向将节温器放入进水口,如图8-27所示。

(2)用冷却液浸湿新的O形密封圈,安装在节温器盖上,并保持密封圈的自然平顺状态,严禁扭曲。

图8-25 拆卸节温器的拆卸
1-节温器固定螺栓;2-节温器盖;3-O形密封圈;4-节温器

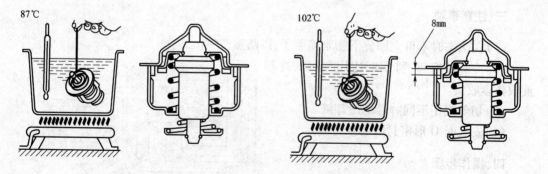

图8-26 节温器的检查

(3)拧紧节温器盖固定螺栓,拧紧力矩为10N·m。

(4)安装发电机。

(5)加注冷却液至冷却液膨胀箱上、下刻度线之间。

项目八　冷却系统的结构与拆装

图 8-27　节温器安装方向

课题四　电子风扇及温控开关的拆装

一、工具、设备和材料准备

(1)桑塔纳整车或 AYJ 发动机(带拆装台架)。
(2)组合工具一套、扭力扳手、螺丝刀、钳子、冷却液收集盘、工具车一辆。
(3)零件摆放架一个。

二、作业前准备

(1)将发动机拆装台架放置可靠。
(2)清洁工作台架及工具。
(3)讲解安全注意事项和拆装注意事项。

三、注意事项

(1)在热态时不可立即旋下冷却液膨胀箱盖子,以防蒸汽喷出。
(2)冷却液有毒,排出时应用专用的冷却液收集盘收集。
(3)切勿混用不同牌号的冷却液。
(4)安装时 O 形密封圈必须更换。

四、操作步骤

1. 电子风扇及温控开关的拆卸

(1)在发动机下放置一个干净的冷却液收集盘。
(2)松开夹箍(图 8-16),拔下散热器的下水管,放出冷却液。

◇小提示:严禁使用一字螺丝刀等尖锐器具拆卸水管;下水管即将脱开时要防止冷却液烫伤。

(3) 拔下温控开关导线插头，如图8-28所示。

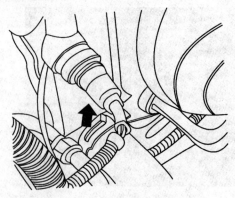

图8-28　拔下温控开关导线插头

(4) 拆下双冷却电子风扇及风扇罩壳。
(5) 拆下温控开关。
2. 电子风扇及温控开关的安装
(1) 安装温控开关。
(2) 安装双冷却电子风扇及风扇罩壳。
(3) 插上温控开关导线插头。
(4) 拧紧散热器下水管夹箍。
(5) 加注冷却液至冷却液膨胀箱上、下刻度线之间，如图8-23所示。

参 考 文 献

[1] 林德华.汽车构造与拆装[M].北京:人民交通出版社,2010.
[2] 陈瑜,雍朝康.汽车构造与拆装[M].北京:人民交通出版社,2011.
[3] 陈家瑞.汽车构造[M].5版.北京:人民交通出版社,2006.
[4] 人民交通出版社汽车图书出版中心.大众系列轿车教材典型结构图册[M].北京:人民交通出版社,2010.
[5] 程晟.汽车拆装技能训练[M].北京:中国劳动社会保障出版社,2004.